学车考证

简明　实用　教程

提炼价值：浓缩知识点，语言凝练，传播价值

好玩有趣：开车趣事多，开心一笑学驾驶技能

简明实用：方法图表式总结，便于携带和速查

柳萌 ◎ 编著

简明 实用
好玩 有趣
机动车驾驶人
培训教材

电子工业出版社
Publishing House of Electronics Industry
北京·BEIJING

内容简介

本书以我国公安部、交通运输部2016年、2017年颁布的系列驾考新政为依据，系统地讲解了汽车驾驶的标准操作规程。本书的特点是，语言精练、图文并茂、彩色印刷、直观明了、实用性强。本书是一本汽车驾驶学员的理想教材，可以帮助学车者快速掌握驾驶技能，顺利通过驾驶考试，同时又可以全面提高驾驶能力。本书也适合已经取得驾照的驾驶人朋友参考阅读，用以规范和提高驾驶技能。

图书在版编目（CIP）数据

学车考证简明实用教程 / 柳萌编著 . —北京：电子工业出版社，2018.7

ISBN 978-7-121-34289-9

Ⅰ . ①学… Ⅱ . ①柳… Ⅲ . ①汽车驾驶－技术培训－教材 Ⅳ . ① U471.1

中国版本图书馆 CIP 数据核字（2018）第 111030 号

策划编辑：管晓伟
责任编辑：管晓伟　　特约编辑：李兴　等
印　　刷：北京富诚彩色印刷有限公司
装　　订：北京富诚彩色印刷有限公司
出版发行：电子工业出版社
　　　　　北京市海淀区万寿路173信箱　　邮编：100036
开　　本：720×1000　1/16　印张：11　字数：282千字
版　　次：2018 年 7 月第 1 版
印　　次：2018 年 7 月第 1 次印刷
定　　价：40.00 元

　　凡所购买电子工业出版社图书有缺损问题，请向购买书店调换。若书店售缺，请与本社发行部联系，联系及邮购电话：（010）88254888，88258888。
　　质量投诉请发邮件至zlts@phei. com. cn，盗版侵权举报请发邮件至dbqq@phei. com. cn。
　　本书咨询联系方式：（010）88254460；guanphei@163.com。

前言
Preface >>>

　　摆在您面前的这本《学车考证简明实用教程》，是我国汽车驾驶培训界一本很"特别"的书。

　　特别之一，是将交通法规知识"系统化"。本书以驾驶人的视角，将内容庞杂的科目一（"交法"），进行了系统的梳理，从而使驾驶人能够怀揣明白，大胆上路。

　　特别之二，是将驾驶技术操作"标准化"。所谓"标准化"，就是"规范"的操作方式，即"最正确"的操作方式，也是"精益求精"的操作方式。

　　特别之三，是将驾驶技术操作"程序化"。即将汽车驾驶操作动作进行科学的分解，按流程分步进行，便于初学者学习上手，避免了新手易出现的顾此失彼、手忙脚乱的现象。

　　特别之四，是重视驾驶技能的"实战化"。即不仅帮助学员"应试"考证，更重视全面提高驾驶"素质"，使新手尽快变成高手，"小白"变身"老司机"。

　　特别之五，表述方式上采用"简明图解"。这本书图文并茂，图表为主，彩色印刷，直观醒目，使读者一目了然、一看即懂、一学就会。

　　总之，本书无论是在实体技术、结构编排，还是表述方式上，都进行了创新，打造成了目前在全国驾驶培训领域具有领先水平的一部上乘之作。

　　因此，本书是汽车驾驶初学者的一本理想教材，也推荐有经验的驾驶人用来规范、提升驾驶技能使用。

本书编写政策依据

文件			
	机动车驾驶证 申领和使用规定 法律出版社	机动车驾驶培训教学与考试大纲 中华人民共和国交通运输部 中华人民共和国公安部 人民交通出版社	GA 中华人民共和国公共安全行业标准 机动车驾驶人考试内容和方法 中华人民共和国公安部 发布
部门	公安部	交通运输部、公安部	公安部
文号	公安部令第139号	交运发〔2016〕128号	GA 1026-2017
发布	2016年1月29日	2016年8月18日	2017年5月3日
实施	2016年4月1日	2016年10月1日	2017年10月1日

机动车驾驶人考试简介

科目	科目一	科目二	科目三	
全称	道路交通安全法律法规和相关知识	场地驾驶技能	道路驾驶技能（狭义科目三）	安全文明驾驶常识（俗称科目四）
简称	交法	场考	路考	安全文明
形式	理论	技能	技能	理论
分制	百分制，90分合格	百分制，小型车80分合格，大型车90分合格	百分制，90分合格	百分制，90分合格
说明	时长45min	操作要求正确规范，动作要到位明显	百分制，90分合格	时长45min

科目一 考试内容：道路通行、交通信号、交通安全违法行为、交通事故处理、机动车驾驶证申领和使用、机动车登记等规定、其他道路交通安全法律、法规和规章

科目二 场地驾驶技能 项目（17）

项目（17）	小型车（5）	大型车（16）
倒车入库	★	★
侧方停车	★	★
坡道定点停车和起步	★	★
直角转弯	★	★
曲线行驶	★	★
通过单边桥		★
通过限宽门		★
通过连续障碍		★
桩考		★
窄路掉头		★
起伏路行驶		★
模拟高速公路行驶		★
模拟连续急弯山区路行驶		★
模拟隧道行驶		★
模拟雨（雾）天行驶		★
模拟湿滑路面行驶		★
模拟紧急情况处置		★

科目三 道路驾驶技能 考试内容

项目	小型车（16）	大型车（16）
上车准备		★
起步		★
直线行驶		★
加减挡位操作		★
变更车道		★
靠边停车		★
通过路口：直行、左转弯、右转弯		★
通过特殊区域：人行横道线、学校、公共汽车站		★
会车		★
超车		★
掉头		★
模拟夜间灯光使用		★
夜间行驶		★

安全文明驾驶常识 考试内容：安全文明驾驶操作要求、恶劣气象和复杂道路条件下的安全驾驶知识、爆胎等紧急情况下的临危处置方法、发生交通事故后的临危处置知识等

科目二科目三通用评判标准

（1）扣10分情形

科　目　二	科　目　三
① 驾驶姿势不正确的；	
② 起步时车辆后溜，但后溜距离小于30cm的；	
③ 操纵转向盘手法不合理的；	
④ 起步或行驶中挂错挡，不能及时纠正的；	
⑤ 转弯时，转、回方向过早、过晚，或者转向角度过大、过小的；	
⑥ 换挡时发生齿轮撞击的；	
⑦ 遇情况时不会合理使用离合器半联动控制车速的；	
⑧ 因操作不当造成发动机熄火一次的；	
⑨ 制动不平顺的；	
⑩ 起动发动机后，不及时松开起动开关的；	⑩ 不能根据交通情况合理使用喇叭的；
⑪ 不松驻车制动器起步，但能及时纠正的。	⑪ 遇后车发出超车信号，不按规定让行的。

（2）不合格情形

科目二	科目三
① 不按规定使用安全带的；	
② 遮挡、关闭车内音视频监控设备的；	
③ 不按考试员指令驾驶的；	
④ 不能正确使用灯光、刮水器等车辆常用操纵件的；	
⑤ 起动发动机时挡位未置于空挡（驻车挡）的；	
⑥ 起步时车辆后溜大于30cm的；	
⑦ 驾驶汽车双手同时离开转向盘的；	
⑧ 使用挡位与车速长时间不匹配，造成车辆发动机转速过高或过低的；	
⑨ 车辆在行驶中低头看挡或连续2次挂挡不进的；	

科 目 二	科 目 三
⑩ 行驶中空挡滑行的；	
⑪ 视线离开行驶方向超过2s的；	
⑫ 违反交通安全法律、法规，影响交通安全的；	
⑬ 不按交通信号灯、标志、标线或者交通警察指挥信号行驶的；	
⑭ 不按规定速度行驶的；	
⑮ 车辆行驶中骑轧车道中心实线或者车道边缘实线的；	
⑯ 长时间骑轧车道分界线行驶的；	
⑰ 对可能出现危险的情形未采取减速、鸣喇叭等安全措施的；	
⑱ 因观察、判断或操作不当出现危险情况的；	
⑲ 行驶中不能保持安全距离和安全车速的；	
⑳ 行驶中身体任何部位伸出窗外的；	
㉑ 制动、加速踏板使用错误的；	
㉒ 考生未按照预约考试时间参加考试的；	

㉓ 不松驻车制动器起步，未及时纠正的。	Ⅰ 绿灯亮起后，前方无其他车辆、行人等影响通行时，10s内未完成起步的；
	Ⅱ 单手控制转向盘时，不能有效、平稳控制行驶方向的；
	Ⅲ 车辆行驶方向控制不准确，方向晃动，车辆偏离正确行驶方向的；
	Ⅳ 不能根据交通情况合理选择行驶车道、速度的；
	Ⅴ 起步、转向、变更车道、超车、靠边停车前，不使用或错误使用转向灯的；
	Ⅵ 起步、转向、变更车道、超车、靠边停车前，开转向灯少于3s即转向的；
	Ⅶ 争道抢行，妨碍其他车辆正常行驶的；
	Ⅷ 连续变更两条或两条以上车道的；
	Ⅸ 通过积水路面遇行人、非机动车时，有不减速等不文明驾驶行为的；
	Ⅹ 遇行人通过人行横道不停车让行，不主动避让优先通行的车辆、行人、非机动车的；
	Ⅺ 将车辆停在人行横道、网状线内等禁止停车区域。

目 录
Contents
>>>

目录
Contents
>>>

目 录
Contents
>>>

Chapter 1
第一章

科目一（"交法"）
实用重点全解

1 道路车道划分常识

（1）车道划分基本格式

城 市 道 路	
高 速 公 路	
普 通 公 路	
说 明	分道行驶，各行其道，变道、借道不可碰轧实线。 实际道路，因车道数等具体情况不同，会有相应变式。

（2）车种专用车道

标志	标线
公交线路专用车道	公交专用 ←
多乘员车辆专用车道	多乘员专用 ←
小型车专用车道	小型车 ←
大型车专用车道	大型车 ←
非机动车车道	非机动车 ←

（3）可变车道和潮汐车道

	可变车道	潮汐车道
原理意义	根据各车道交通流量变化情况，对车道的行驶指示方向进行动态调整，以充分利用道路资源，提高通行效率。	
方向变化	直行和转弯之间的变化，是离开道路之后的方向指示。	不同行驶方向之间的变化，是进入道路的指示。
标志示例		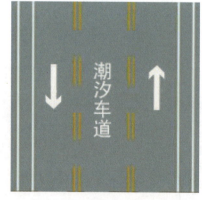
	指示标志，可以是固定时间转换式，也可以是电子显示屏实时精准调整。	
标线样式		

（4）车道分隔线说明

分 类		说 明	备 注
颜色	白线	分隔同向行驶的交通流。	有实线、虚线、虚实线之分。接近交叉路口时一般为实线，远离交叉路口时一般为虚线。
	黄线	中心线：分隔对向行驶的交通流。	有实线、虚线、虚实线之分。有单线、双线之分。单黄线，单方向只有一条机动车道。双黄线，单方向有两条或以上机动车道。
		注：公交专用车道线、潮汐车道线，路边禁停线、禁停网格线，也用黄色表示。	
虚实	实线	禁止车辆轧线。	有白线、黄线之分。
	虚线	准许车辆轧线、越线。	有白线、黄线之分。
	虚实线	虚线侧允许车辆临时跨越、回转，实线侧禁止车辆跨越。	有白线、黄线之分。

2 汽车行驶速度规定

（1）限速规定类型

	常规限速		详见后表：（2）常规限速数据		
法定限速	特殊限速	动作 路段 时段 天气	下列情形，限速30km/h： ① 进出非机动车道，通过铁路道口、急弯路、窄路、窄桥时； ② 掉头、转弯、下陡坡时； ③ 遇雾、雨、雪、沙尘、冰雹，能见度在50m以内时； ④ 在冰雪、泥泞的道路上行驶时； ⑤ 牵引发生故障的机动车时。		
标志标线限速	标志	 最低限速	最高限速	解除限速	
	标线	标线	120 100 100 80		
建议速度	不是限速	**30 km/h**			

（2）常规限速数据

道路情况		城市道路	公　路	高速公路
没有道路中心线		30km/h	40km/h	/
同方向只有1条机动车道		50km/h	70km/h	/
同方向划有2条及以上机动车道		60km/h（北京等城市为70）	80km/h	60～120km/h，具体限速数据范围，由车型、车道决定
简　记		市道356	公路478	高速612

（3）慢行和减速标识

慢行标志		
减速标线		
	横向减速标线	纵向减速标线
减速让行		

（1）驾驶行为种类

驾驶行为		物理观点	视线要点	分　类	说　明
↑	匀速前行	快慢、方向都不变	瞻↑前	正常行驶	驾驶基本形式
←	转弯	快慢或方向有变	瞻↑前又顾↓后	特殊行为	详见后表
↰	掉头				详见后表
↑	变道（借道）				不得一次连续变更2条及以上机动车道
↑	超车				详见后表
(!)	制动				详见后表
↓	倒车				详见后表
↑	起步				
↑	靠边停车				详见后表
⚠	会车				详见后表
🚗	开关车门				

（2）停车相关规定

禁停区域	人行道上		人行边道和人行横道。
	隔离车道		在机动车道与非机动车道、人行道之间设有隔离设施的路段。
	高速公路		紧急情况时，应在应急车道停车。
	危险路段		交叉路口、铁路道口、急弯路、宽度不足4m的窄路、桥梁、陡坡、隧道，以及距离上述地点50m以内的路段。
	特殊单位		公共汽车站、急救站、加油站、消防栓或者消防队（站）门前，以及距离上述地点30m以内的路段。

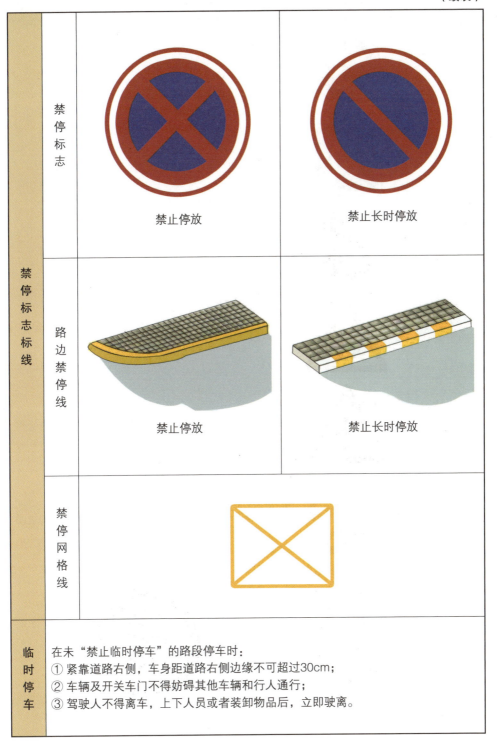

		禁止停放	禁止长时停放
禁停标志标线	禁停标志		
	路边禁停线	禁止停放	禁止长时停放
	禁停网格线		

临时停车	在未"禁止临时停车"的路段停车时： ① 紧靠道路右侧，车身距道路右侧边缘不可超过30cm； ② 车辆及开关车门不得妨碍其他车辆和行人通行； ③ 驾驶人不得离车，上下人员或者装卸物品后，立即驶离。

（3）超车相关规定

禁止超车情形	①		前车左转弯
	②		前车正在掉头
	③		前车正在超车
	④		与对面来车有会车可能
	⑤		危险路段： 如交叉路口、窄桥、弯道、陡坡、隧道，高速公路匝道、加速车道或者减速车道。
	⑥		右侧超车： 在没有中心线或者同一方向只有1条机动车道的道路上，从前车右侧超越。
禁止超车标志		 禁止超车	 解除禁止超车

（4）倒车相关规定

禁止倒车情形	①	**国家高速 G22 青兰高速**	高速公路
	②		铁路道口
	③		交叉路口
	④		单行路
	⑤	危险路段	桥梁
	⑥		陡坡
	⑦		隧道
	⑧		急弯
倒车方法	①		看左窗	把头伸出左窗向后看
	②		看后窗	向右转身向后看
	③		看后视镜	兼顾三块后视镜
	④		指挥倒车	指挥者要避开倒车路线

4 道路交通让行规则

（1）避让特殊对象

对　象	图　示	说　明
车让人	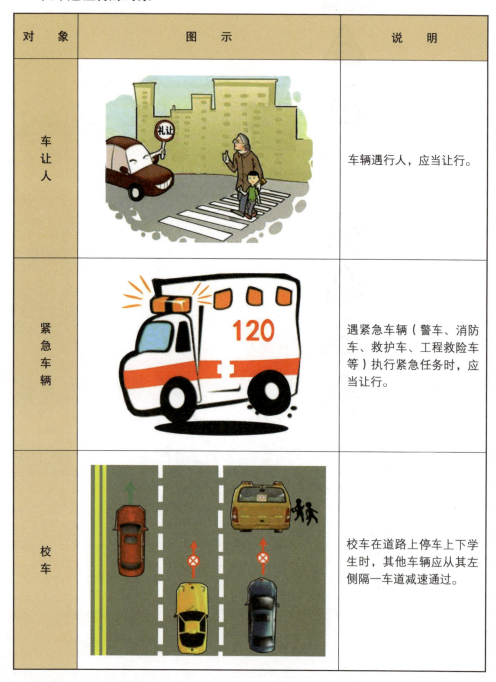	车辆遇行人，应当让行。
紧急车辆		遇紧急车辆（警车、消防车、救护车、工程救险车等）执行紧急任务时，应当让行。
校车		校车在道路上停车上下学生时，其他车辆应从其左侧隔一车道减速通过。

（2）礼让斑马线规则

道　路	图　示	规　则
有中心线	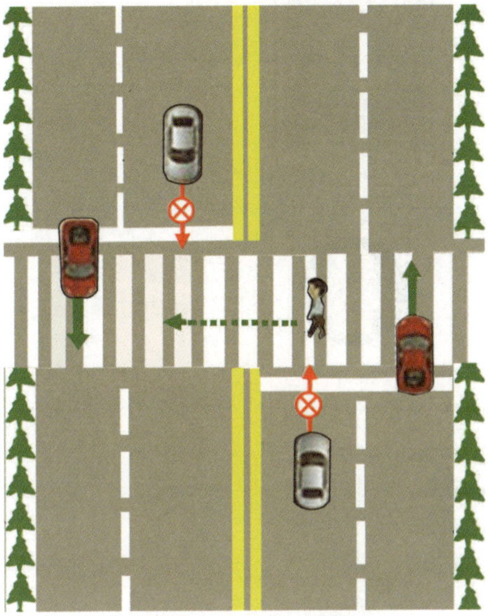	行人所在车道、面前下一车道，机动车不得通行。
无中心线		行人面前，机动车不得通行。
总结	① 看到人行横道预告标志，就要一慢二看三通过。 ② 在车辆与行人的"冲突区"，车辆不得通行。 ③ 在斑马线上，当有多人或双向人流时，一般应果断停车礼让。	

（3）特殊行为让行

	图　　示	说　　明
特殊行为	变道、借道　　掉头	让正常行驶的车辆先行。
	倒车　　临时停车　　开关车门	不得妨碍其他车辆通行。
双方变道		辅路让主路： 在主路、辅路间变道时，辅路上的车让主路上的车先行。
		并行让右： 隔一车道并行的车辆，都向它们之间的车道变道时，左侧的车辆让右侧的车辆先行。

（4）路口让行规则

路　口	图　示	规　则
十字路口	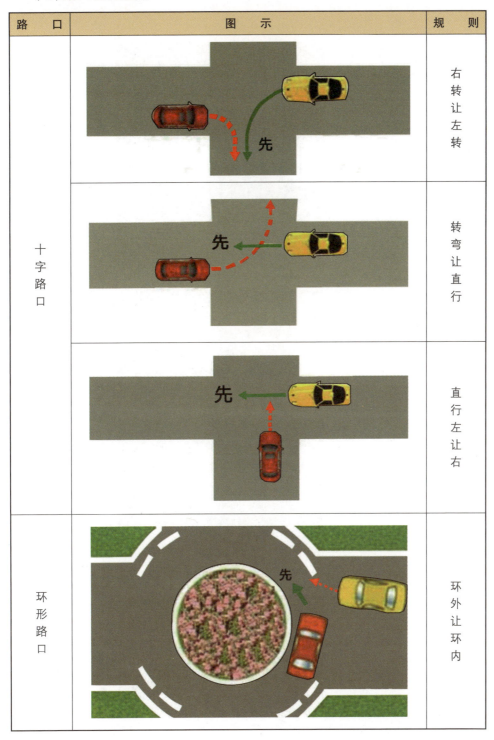	右转让左转
		转弯让直行
		直行左让右
环形路口		环外让环内

（5）狭窄路段会车

路　段	情　形	图　　示	说　　明
障碍路段	有障碍一方未驶入障碍路段	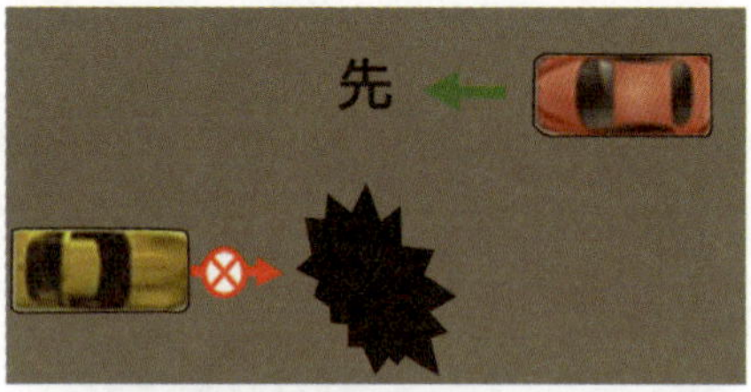	无障碍的一方先行；
	有障碍一方已驶入障碍路段		有障碍的一方先行。
狭窄坡道	下坡车尚未下坡		下坡让上坡；
	下坡车已行至半坡		上坡让下坡。
狭窄山路			不靠山体的车先行。

（6）标志标线让行

情　形	图　示	
减速让行	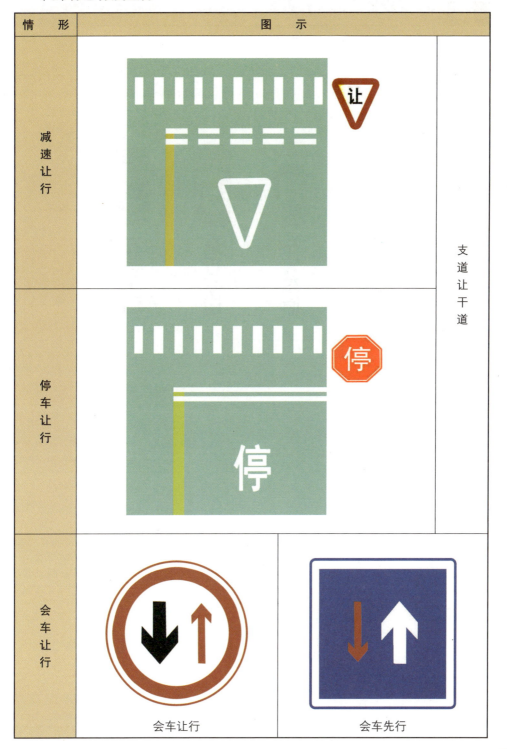	支道让干道
停车让行		
会车让行	会车让行	会车先行

（1）路口通行总则

	图　示	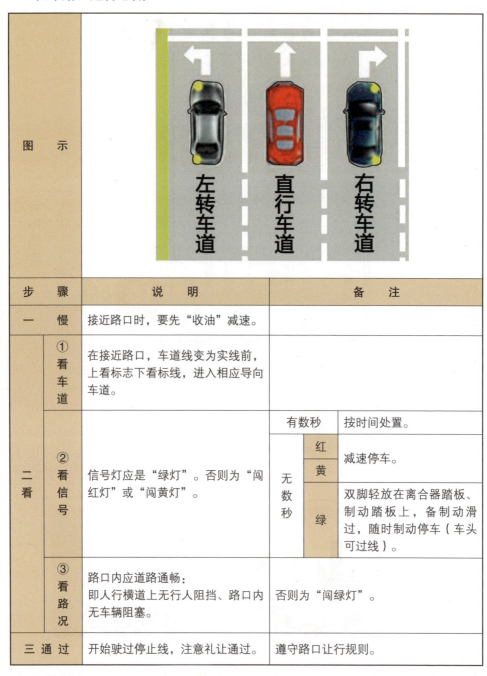	
步　骤		**说　明**	**备　注**
一　慢		接近路口时，要先"收油"减速。	
二　看	①看车道	在接近路口，车道线变为实线前，上看标志下看标线，进入相应导向车道。	

二　看	②看信号	信号灯应是"绿灯"。否则为"闯红灯"或"闯黄灯"。	有数秒		按时间处置。
			无数秒	红黄	减速停车。
				绿	双脚轻放在离合器踏板、制动踏板上，备制动滑过，随时制动停车（车头可过线）。
	③看路况	路口内应道路通畅：即人行横道上无行人阻挡、路口内无车辆阻塞。	否则为"闯绿灯"。		
三　通过		开始驶过停止线，注意礼让通过。	遵守路口让行规则。		

（2）闯灯违法行为

			表示禁止通行。
			表示警示。
			表示准许通行。
闯红灯	含义	红灯亮后：越过停止线，通过路口。	记6分，罚200元。
	十种具体情形	仅车头冲过停止线，及时停住，且再没有明显位置移动。	一般不予处罚。
		车身全部越过停止线，及时停车。	违法停车，记2分。
		越线停车后，又倒车。	违法倒车，可处罚款。
		现场交警指挥下闯红灯。	不予处罚。有时需提交相关证据。
		避让救护车等紧急车辆闯红灯。	
		信号灯故障闯红灯。	
		被追尾导致闯红灯。	
		视线不清（如大雾、强光）闯红灯。	
		交通瘫痪（如事故、恶劣天气）闯红灯。	
		跟大车后误闯红灯。	
闯黄灯	含义	黄灯亮后:越过停止线，通过路口。	按闯红灯处理。
	异议	有悖交法，违反科学，逻辑不通，无可行性。	
	执行	公安部现行政策：以教育警示为主，暂不予以处罚。	
	黄闪	闪光警告信号灯：为持续闪烁的黄灯。	提示通行时注意瞭望，确认安全后通过。
闯绿灯	含义	绿灯，但前方交叉路口交通阻塞：即人行横道上有行人阻挡，或路口内有车辆阻塞，此时，越过停止线，进入路口。	记2分，罚100元。

（3）直行和右转

情　形		通行规则	
直行			
	有直行待行区	① 放行信号相位顺序为： 左转→直行。 ② 直行待行：在左转信号灯绿灯亮时（此时直行信号灯为红灯），直行车辆即可提前进入直行待行区，等候直行放行信号。	
	无直行待行区	按信号灯通行。	
右转	有右转箭头信号灯		按信号灯通行。
	无右转箭头信号灯	不受信号灯控制，随时可以右转，但要注意减速、观察、礼让。	

（4）花样繁多的左转

样　式	图　　示	通行规则
信号控制		有左转箭头信号灯：按信号灯通行。
		无左转箭头信号灯：当绿灯亮起时，直行和左转车辆均可通行。
左转弯导向		左转弯导向线：白色虚线作为左转弯的机动车和非机动车之间的分界。 机动车应紧靠着路口中心圈左侧通过，非机动车从路口中心圈右侧通过。
借道左转		河北省邯郸交警发明。 ① 放行信号相位顺序为：左转→直行。 ② 借道左转：将对向车道靠近中心线的车道设置为左转车道。

样　式	图　示	通行规则
右道左转		为方便大型车顺利左转、掉头，可将左转车道设置在最右侧车道。
左弯待转		**先直后转** ① 放行信号相位顺序为：直行→左转。② 左弯待转：当直行信号灯绿灯亮时（此时左转信号灯为红灯），左转弯的车辆即可提前进入左弯待转区，等候左转放行信号。 **直转同步** 绿灯亮时，可以左转，但和对向直行车辆有冲突时，须停在待转区避让。

（5）路口掉头规则

	禁止掉头	可以掉头	明示可以掉头
路口掉头许可	 禁止掉头 禁止左转 无左转车道	路口没有左列禁止掉头3种情形，都可以掉头。	 允许掉头 掉头车道

路 口 掉 头 方 法	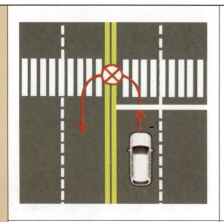	不可在人行横道线上掉头。
	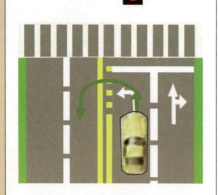	若车道线在接近路口时为虚线： 在到达停止线之前即可在虚线处掉头。 由于不需要越过停止线，所以不受信号灯 控制。
	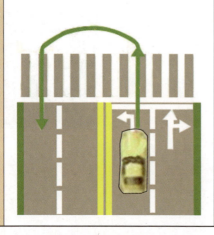	若车道线在接近路口时无虚线： 应等绿灯亮时，先越过人行横道线，然后 再掉头。

6 路段掉头规则

图　示		说　明
禁止掉头		危险路段（铁道路口、人行横道、桥梁、急弯、陡坡、隧道），不得掉头。
允许掉头		中心线为虚线，或虚实线的虚线侧，随时可以掉头。

1 开车上路有禁区

（1）不能轧的线

不能轧的线，要把它们看作一堵"无形的界墙"。

可不要撞墙哟！

种　类	图　示	说　明
车道分隔线		实线：禁止轧线。
		虚实线：实线侧，禁止压线。
导流线		引导车辆按规定路线行驶，禁止碰轧。
中心圈		施画于交叉路口中心，用于分隔左转弯的大小转弯（机动车转小弯，非机动车转大弯）。禁止碰轧。

（2）不能进的路

标　　志	名　　称	说　　明
	禁止通行	禁止一切车辆和行人通行
	禁止驶入	禁止一切车辆驶入
	禁止机动车驶入	禁止各类机动车驶入
	禁止小型客车驶入	
	禁止大型客车驶入	
	禁止载货汽车驶入	
	禁止运输危险物品的车辆驶入	
	禁止某两种车辆驶入	

（1）交通标志常识

主要类型	警告标志	禁令标志	指示标志
示　例	交叉路口	禁止直行	向左转弯
	村庄标志	限制速度	左转车道
	建议速度	解除限制速度	单行路（直行）
形　状	多为三角形	圆圈	圆形正方形长方形
底　色	黄色	白色	蓝色
边框色	黑色	红、黑	无边框
图案色	黑色	黑色	白色
说　明	警告车辆、行人注意危险地点，谨慎通过。	禁止、限制及相应解除的含义，车辆、行人须严格遵守。	指示车辆、行人行进。

（2）"双胞胎"标志对对碰

注意行人	人行横道	会车让行	会车先行
最低限速	最高限速	向右转弯	右转车道
紧急停车带	避车道	禁止通行	禁止驶入
环形交叉	环岛行驶	双向交通	潮汐车道
注意儿童	步行	傍山险路	注意落石

涉水路面警告	渡口警告	两侧变窄	窄桥
禁止 机动车驶入	禁止 小型客车驶入	有人看守 铁道路口	无人看守 铁道路口

禁止 车辆停放	禁止车辆 长时停放	立交直行 和左转弯	立交直行 和右转弯

直行	单行路	左侧通行	右侧通行

机动车行驶	机动车道	多乘员车辆专用车道	

记1分	①		灯光	驾驶机动车不按规定使用灯光的;
	②	机动车驾驶证	证件	上道路行驶的机动车,未随车携带行驶证、驾驶证的。
记2分	①		路口	驾驶机动车行经交叉路口不按规定行车或者停车的;
	②		手机	驾驶机动车有拨打、接听手机等妨碍安全驾驶的行为的;
	③		安全带	驾驶机动车在高速公路或者城市快速路上行驶时,驾驶人未按规定系安全带的;
	④		添堵	驾车遇前方停车排队或者缓慢行驶时,借道超车或者占用对面车道、穿插等候车辆的。
记3分	①		超速	驾驶小型机动车行驶超过规定时速未达20%的;
	②		车道	驾驶机动车在高速公路或者城市快速路上不按规定车道行驶的;
	③		行人	驾车行经人行横道,不按规定减速、停车、避让行人的;
	④		禁止	驾驶机动车违反禁令标志、禁止标线指示的;
	⑤		违规	驾驶机动车不按规定超车、让行的,或者逆向行驶的。

记6分	①		信号灯	驾驶机动车违反道路交通信号灯通行的;
	②		超员	驾驶非营运载客汽车载人超过核定人数20％以上的;
	③		超速	驾驶小型机动车行驶超过规定时速20％以上未达到50％的;
	④		应急道	驾车在高速公路或者城市快速路上违法占用应急车道行驶的。
记12分	①		酒驾	饮酒后驾驶机动车的;
	②		逃逸	造成交通事故后逃逸,尚不构成犯罪的;
	③		车牌	上道路行驶的机动车未悬挂机动车号牌的,或者故意遮挡、污损、不按规定安装机动车号牌的;
	④		高速	驾驶机动车在高速公路上倒车、逆行、穿越中央分隔带掉头的;
	⑤		超速	驾驶机动车行驶超过规定时速50％以上的。

10 交通法规常识歌诀

大路朝天，请走右边。

各行其道，互不干扰。

病不开车，不开病车。

有车挤过来，让速不让道。

生命无返程，切莫逆向行。

开车不喝酒，喝酒不开车。

司机一滴酒，亲人两行泪。

每一条交规，都是用鲜血写成的。

抬头看灯和标志，低头看线走对路。

红灯停，绿灯行，见了黄灯等一等。

实线虚线斑马线，都是生命安全线。

2 Chapter
第二章

科目二科目三考前必会基础技能

1 初识你的爱车

（1）汽车的外形

（本书出现的所有数据，均以普通轿车为例）

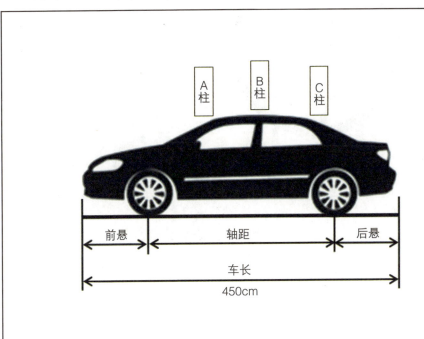

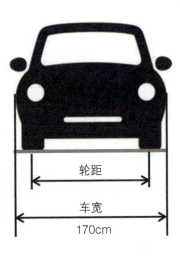

（2）六大操纵机构

六大操纵机构	一盘	转向盘（俗称：方向盘）
	二杆	变速杆（俗称：挡） 驻车制动杆（俗称：手刹）
	三板	离合器踏板（俗称：离合） 制动踏板（俗称：脚刹） 加速踏板（俗称：油门）
	三板 操作 注意	要脚后跟支地，用前脚掌踩压。 左脚，不踩离合器踏板时，放在左侧休息； 右脚，不踩加速踏板时，放在制动踏板上备制动。

（3）方向盘的基本握法

原则	①安全性：要能够有效地控制、调整方向，保证行车安全。 ②舒适性：在确保行车安全的前提下，要使手臂自然放松。	
路况	复杂道路	平直宽畅
调整方向	大调 快调	微调 缓调
基本握法	3-9点	5-7点
说明	很多驾驶教程中，把"3-9点"握法，作为唯一正确的所谓"标准握法"来强调，太过死板教条。 在平直宽畅道路上，要转换成"5-7点"握法，使臂膀充分放松，以避免长时间驾车产生的疲劳。	

（4）后视镜调整标准

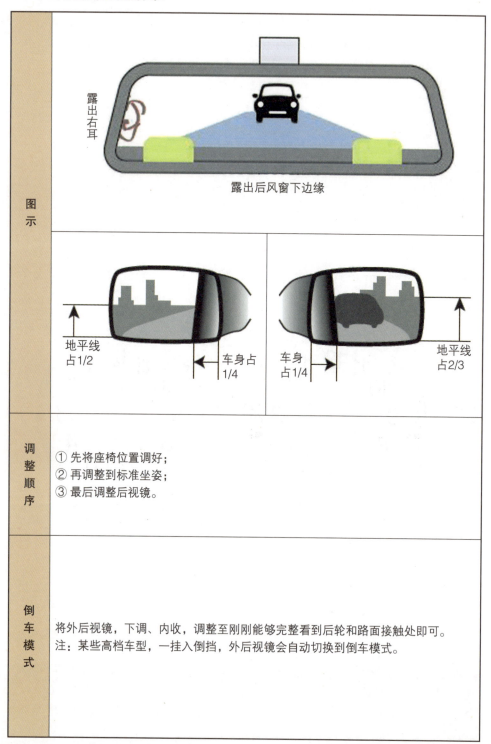

图示	露出右耳 露出后风窗下边缘 地平线占1/2　车身占1/4　车身占1/4　地平线占2/3
调整顺序	① 先将座椅位置调好； ② 再调整到标准坐姿； ③ 最后调整后视镜。
倒车模式	将外后视镜，下调、内收，调整至刚刚能够完整看到后轮和路面接触处即可。 注：某些高档车型，一挂入倒挡，外后视镜会自动切换到倒车模式。

（5）几种灯光的说明

灯光开关			

拨杆式车灯开关

灯光系统标志、近光灯、远光灯、示宽灯、转向灯、自动灯光、后雾灯、灯光关闭、前雾灯、雾灯关闭

	0挡	1挡	2挡（包含1挡）
常规灯	关	示廓灯 俗称：示宽灯、 前后位灯、小灯	前照灯 俗称：大灯 （可远、近光切换）
雾灯	关	前雾灯（黄色）	后雾灯（红色）
危险报警闪光灯		俗称"双闪""双跳""双蹦"，表示本车发生了特殊情况，提醒其他车辆与行人注意避让。 对双闪的使用，法律有严格规定。如有违反（该用不用、不该用滥用），记3分。	
	应当使用情形	① 道路上临时停车时； ② 车辆发生故障或发生交通事故时； ③ 牵引故障机动车时； ④ 交警部门批准组成的车队。	

2 驾驶人的车感

（1）驾驶人的视觉规律

低远高近		
近宽远窄		
三点一线车位感知法	参考点的确定	参考点的运用
	驾驶员的眼睛 →地面（或障碍物）上的标志点 →车身上的参考点	驾驶员的眼睛 →车身上的参考点 →地面（或障碍物）上的标志点

（2）驾驶人的视线盲区

盲 区		图 示	对 策
车身盲区	左右盲区	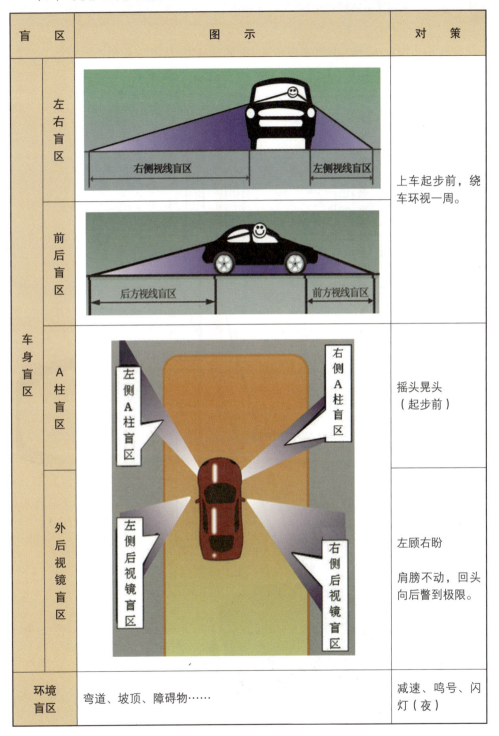	上车起步前，绕车环视一周。
	前后盲区		
	A柱盲区		摇头晃头（起步前）
	外后视镜盲区		左顾右盼 肩膀不动，回头向后瞥到极限。
环境盲区		弯道、坡顶、障碍物……	减速、鸣号、闪灯（夜）

（提示：下列方法适合"普通轿车+中等身材"，精准定位因人因车而异！）

（1）左右 ←→

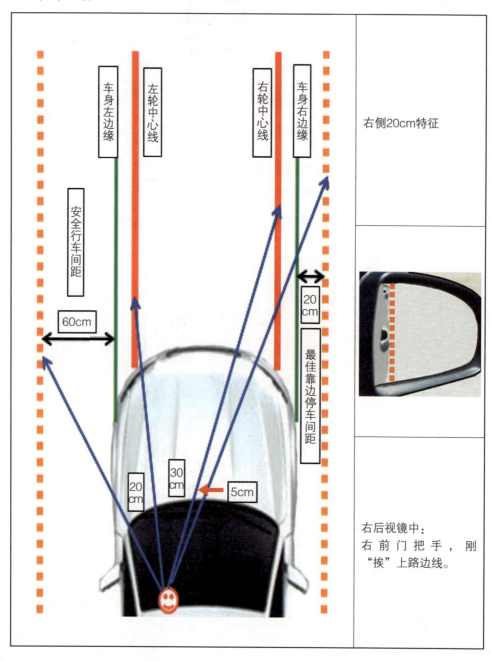

车身左边缘

左轮中心线

右轮中心线

车身右边缘

安全行车间距

60cm

右侧20cm特征

20cm

最佳靠边停车间距

20cm

30cm

5cm

右后视镜中：
右前门把手，刚
"挨"上路边线。

（2）前面↑

车头位置
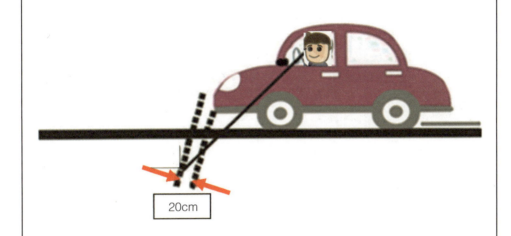
左后视镜下沿： 对应地面线，在车头前20cm处。

前方车辆	
车内视角	车外实况
 看见后轮下沿	3m
看见后保险杠下沿	2m 注：跟车距离≥2m，可一把方向拐出去。
看见后保险杠上沿	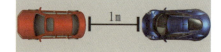1m

前方行人	
车内视角	车外实况
刚好看到脚底 180 cm	4 m
刚好看到膝盖	2 m
刚好看到臀部	20 cm

（3）后面↓

邻道：外后视镜		
车尾位置	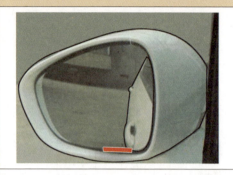	方法①：看左后视镜，移动眼睛位置，当前门把手下沿，位于左后视镜内底边时，左后视镜内下边露出的地面线条，距车尾100cm。 方法②：将外后视镜调至倒车模式，根据后车轮位置判断车尾位置。
后车距离	后车影占满后视镜	
	 左后车，距1m	 右后车，距3m
变道安全区（＞10m）		左右后视镜基本一致
	警示：后车未在安全区需要变道时，应根据周边车速酌情谨慎处理。	

正后：内后视镜	
车内视角	车外实况
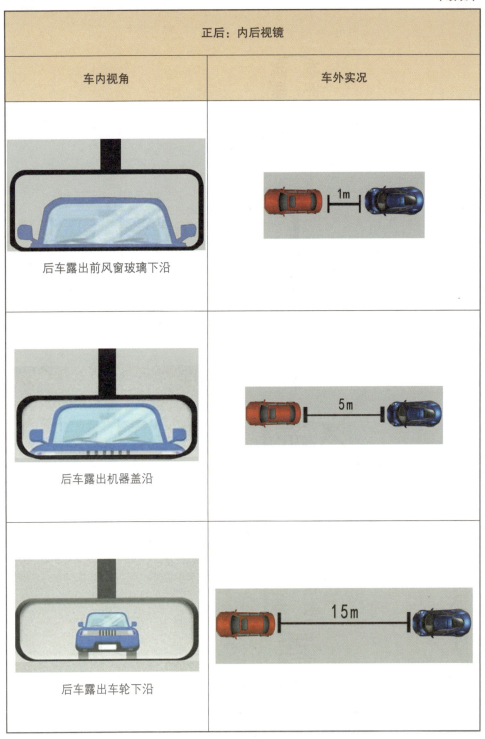 后车露出前风窗玻璃下沿	1m
后车露出机器盖沿	5m
后车露出车轮下沿	15m

4 汽车驾驶操作基本原理（手动挡）

（1）传动与制动

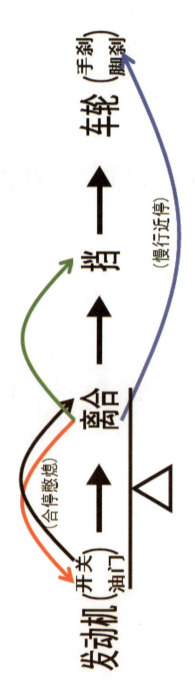

发动机（开关（油门））→ 离合（离合）→ 挡 → 车轮（手刹（脚刹））

（合停散熄）

（慢行近停）

说明

① 直线箭头：表示动力传递关系。

② 弧线箭头：表示操作的先后顺序规则。

③ 跷跷板：表示操作离合器、加速二踏板时此起彼伏（通常情况下）。

④ 合停散熄：是指离合"合"且车轮"停"时，发动机会"散熄"。

⑤ 慢行近停：是指车辆即将停下来时，须先踩"离合"方可"制动"，否则便"合停散熄"了。反之，车速较快时，须带挡制动。

（2）离合的操作

操作要领	图　示	半联动点
深踩缓抬	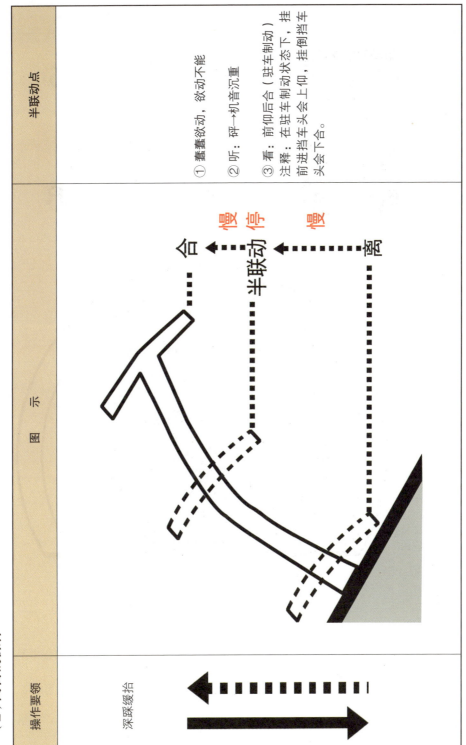	① 蠢蠢欲动，欲动不能 ② 听：砰→机音沉重 ③ 看：前仰后合（驻车制动） 注释：在驻车制动状态下，挂前进挡车头会上仰，挂倒挡车头会下合。

（3）挡（变速杆）

图示	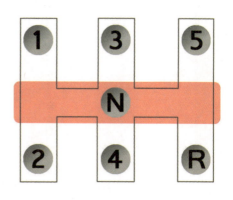
运用	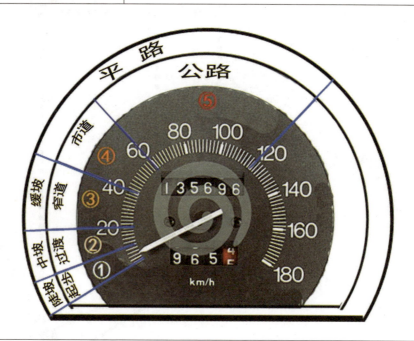
小贴士	倒挡有时挂不进，什么情况？ 原因：因为很多车型的倒挡没有装同步器，所以在挂倒挡时，总会有概率刚好两个齿轮的齿尖对位，卡不进去，倒挡就挂不进了。 解法：挂1挡，向前稍动动车，让齿轮转动一下，然后再挂倒挡应该就可以了。

5 基础驾驶标准操作规程（手动挡）

（1）点火与熄火

点火	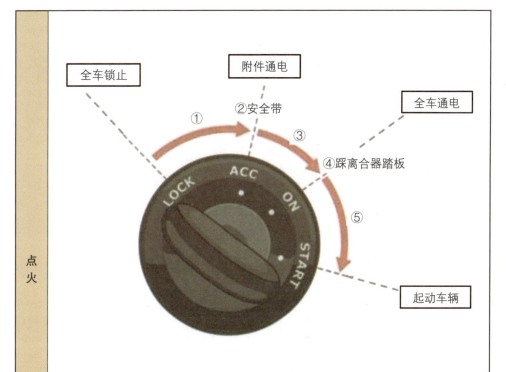 说明：在ACC、ON位置，要分别停顿6s让系统自检。
熄火	① 熄火→② 合上 注：已停车后，未熄火即合上，会导致"合停憋熄"。

步骤	前进			倒车		
	平路	上坡 ↗	下坡 ↘	平路	上坡 ↗	下坡 ↙
① 挂挡	1挡	1挡	2挡	倒挡	倒挡	倒挡
② 给力	半联动	半联动 →轻踩加速踏板	（自重）	半联动	半联动 →轻踩加速踏板	（自重）
③ 松刹	松制动踏板	松驻车制动杆	松制动踏板	松制动踏板	松驻车制动杆	松制动踏板
④ 走开	轻踩加速踏板	稳住几米	走开	走开	稳住几米	走开
⑤ 慢合	慢合	慢合 +踩加速踏板	慢合	半联动	慢合 +踩加速踏板	慢合

（3）停车详解

① 松加速踏板→② 制动减速→③ 踩离合器踏板+制动停车			
即停即走		短停	长停
↙ 平下	↗ 上坡		
（维持）		解放双脚	
④ 调整			
踩离合器踏板+制动	踩离合器踏板+拉驻车制动杆	空挡+拉驻车制动杆	踩离合器踏板+拉驻车制动杆+别挡 别挡： 上坡：1挡 下坡：倒挡 平路：随意
⑤ 后续	重新起步		…→熄火

（4）换挡详解

流程		①变速	②踩离合器踏板	③换挡	④同步		⑤慢合	⑥续行
					原理	方法		
升挡	平路	加速	踩离合器踏板→松加速踏板	加挡	↓降转或↑升速	（自然）	慢合	踩加速踏板
减挡	上坡	减速	踩离合器踏板	减挡	↑升转或↓降速	轻踩加速踏板/轻踩制动踏板	慢合	踩加速踏板
减挡	平路	减速	踩离合器踏板	减挡	↑升转或↓降速	（自然）	慢合	踩加速踏板
减挡	下坡	长时间踩制动踏板	踩离合器踏板	减挡		（自然）	慢合	松制动
备注		"转"指发动机转速，"速"指车轮转速。						

汽车驾驶操作基本原理（自动挡）

传动 ← 制动

发动机（开关）（油门） → 挡 → 车轮（手刹）（脚刹）

N/P

（驻车）

直线箭头：表示动力传递关系。

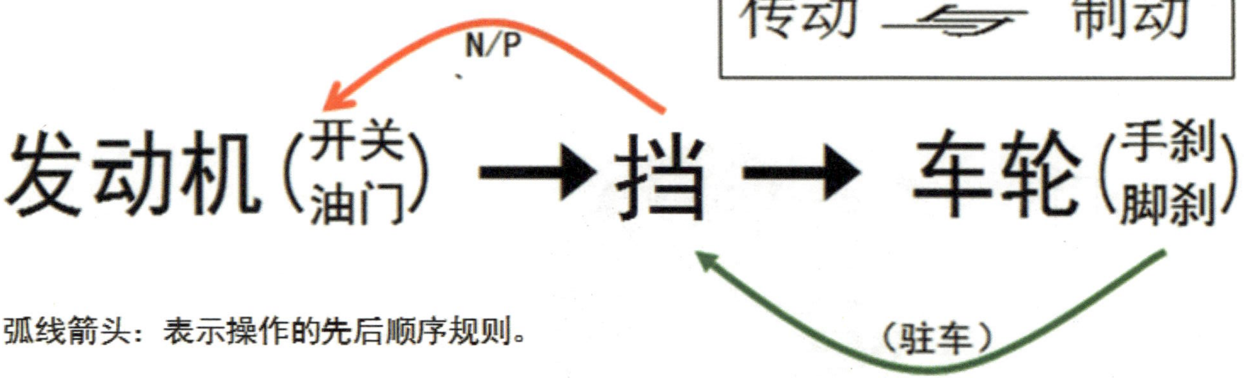

弧线箭头：表示操作的先后顺序规则。

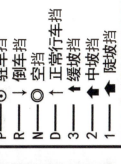

P —— ⊙ 驻车挡
R —— ↓ 倒车挡
N —— ◎ 空挡
D —— ↑ 正常行车挡
3 —— ⬆ 缓坡挡
2 —— ⬆ 中坡挡
1 —— ⬆ 陡坡挡

（1）点火熄火、加速减速

点火	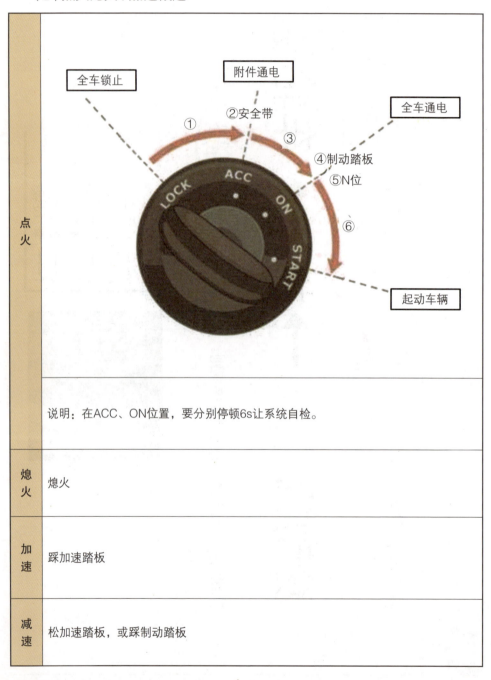说明：在ACC、ON位置，要分别停顿6s让系统自检。
熄火	熄火
加速	踩加速踏板
减速	松加速踏板，或踩制动踏板

起步

步骤	平路	下坡 ↙	上坡 ↗
①挂挡	D/R		
②给力	（怠速）	（自重）	轻踩加速踏板
③松制动踏板	松驻车制动杆	松驻车制动杆	松驻车制动杆
④走开	轻踩加速踏板	走开	走开

停车 ①松加速踏板 → ②制动 → ③停稳

步骤	即停即走 平下 ↙	即停即走 上坡 ↗	短停 平路	短停 坡道	长停
④调整	（维持）制动 +D	驻车制动 +D	驻车制动 +N	驻车制动 →P	驻车制动 →P
⑤后续	重新起步				↓ 熄火

（1）车身转弯轨迹

图 示	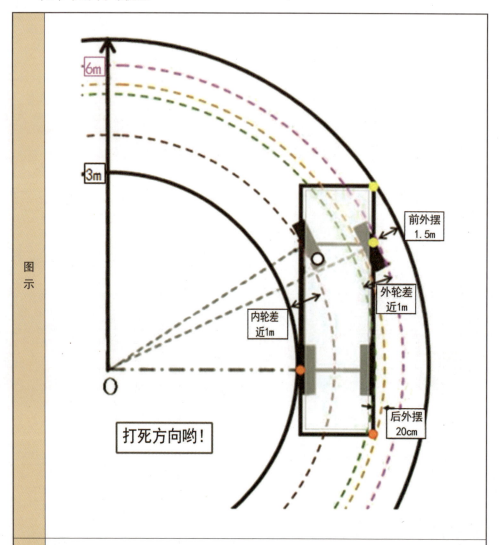

图中标注：

6m

3m

前外摆 1.5m

外轮差 近1m

内轮差 近1m

后外摆 20cm

打死方向哟！

O

解 读	① 最小转弯半径：6m。4车道能一次性掉头。 ② 方向的打法：不管前进还是倒车，想让车向哪边转，就向哪边打方向。 ③ 风险点：a）车轮看路：轮不得出路。 b）车角看墙：外角不蹭墙（高度20cm以上即视为墙）。

（2）倒车转弯内后轮侧移

<table>
<tr>
<td rowspan="2">倒
车
后
轮
轨
迹</td>
<td colspan="2">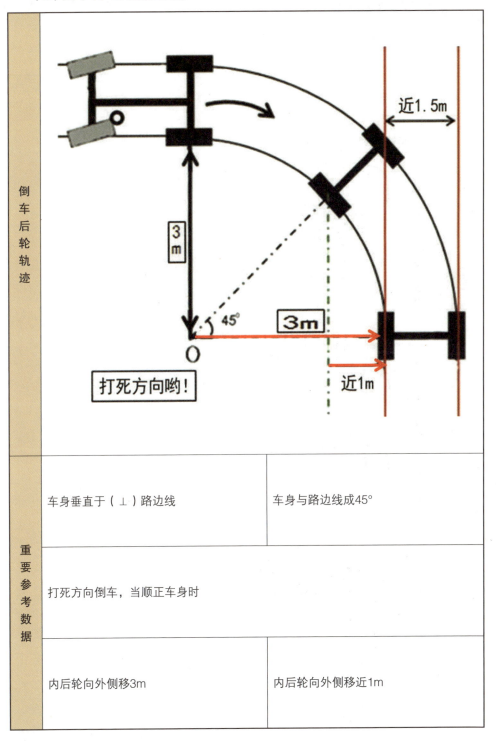</td>
</tr>
<tr>
<td>车身垂直于（⊥）路边线</td>
<td>车身与路边线成45°</td>
</tr>
<tr>
<td rowspan="3">重
要
参
考
数
据</td>
<td colspan="2">打死方向倒车，当顺正车身时</td>
</tr>
<tr>
<td>内后轮向外侧移3m</td>
<td>内后轮向外侧移近1m</td>
</tr>
</table>

9 汽车转弯运用

（1）前转要防后两侧

	错误示范	正确做法
后内轮（内轮差）	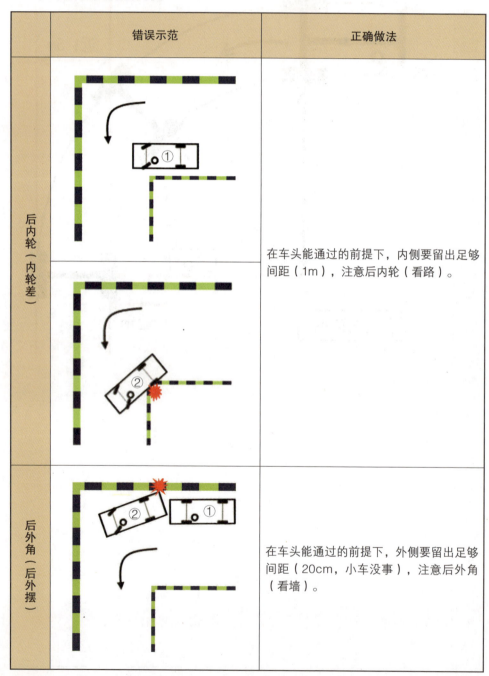	在车头能通过的前提下，内侧要留出足够间距（1m），注意后内轮（看路）。
后外角（后外摆）		在车头能通过的前提下，外侧要留出足够间距（20cm，小车没事），注意后外角（看墙）。

（2）后转要看内防外

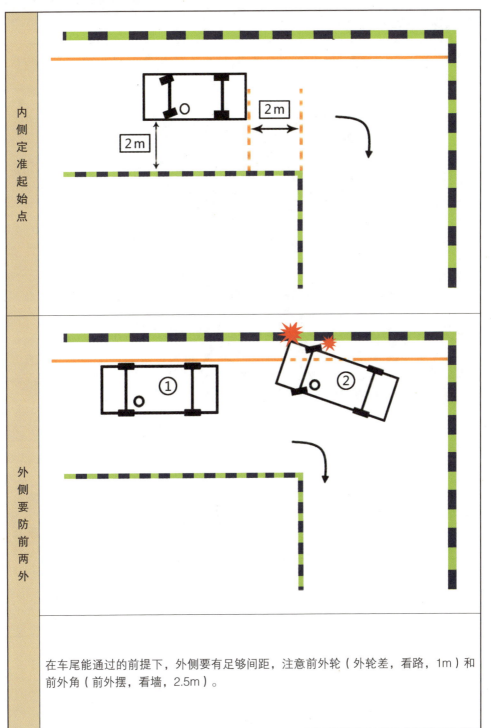

在车尾能通过的前提下，外侧要有足够间距，注意前外轮（外轮差，看路，1m）和前外角（前外摆，看墙，2.5m）。

（3）侧方移位技巧

（以倒车右移为例）

步　骤	图　示	操作要领
①摆尾	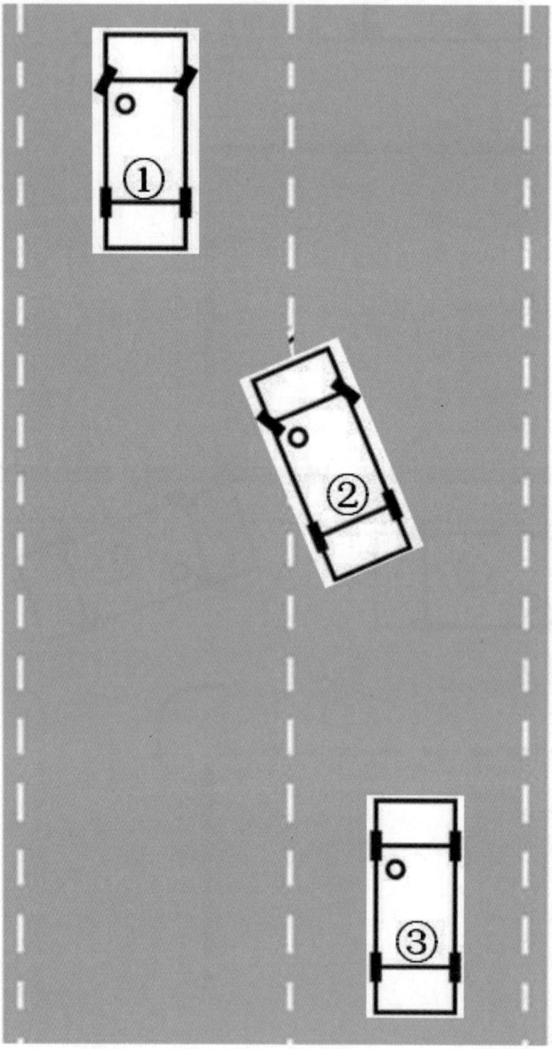	向右打方向，先将车尾摆过去。
②摇头		待内后轮纵向即将到位时，向相反方向打方向，将车头摇正。
③正向		待车身即将顺正时，回正方向，停车。
总　结	不管前进、倒车，左移、右移，要领都是上面的三部曲。	

Chapter
第三章

3

科目二（场考）
标准操作规程

1 倒车入库（小型车）

（1）倒车入库介绍

步　骤	操作要求	评判标准
图　示	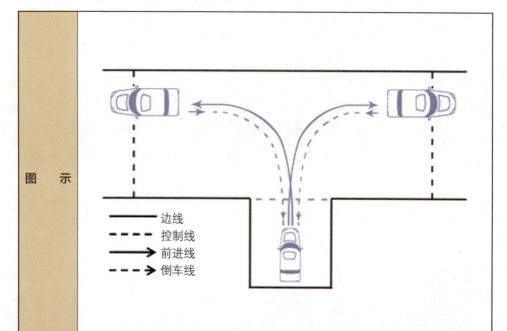 ——— 边线 - - - 控制线 ——▶ 前进线 - - ▶ 倒车线	
① 倒库	从道路一端控制线（两个前轮触地点在控制线以外），倒入车库停车；	① 不按规定路线、顺序行驶的，不合格； ② 车身出线的，不合格； ③ 倒库不入的，不合格； ④ 在倒车前，未将两个前轮触地点均驶过控制线的，不合格； ⑤ 中途停车的，每次扣5分； ⑥ 完成时间超过规定的，不合格。
② 出库	再前进出库向另一端控制线行驶，两个前轮触地点均驶过控制线；	
③ 倒库	然后倒入车库停车；	
④ 出库	前进驶出车库，回到起始点；	
备　注	车辆进退途中不得停车，完成时间不得超过3.5min。	

（2）倒库（以右倒库为例）

步　骤	图　示	操作要领
① 起始点	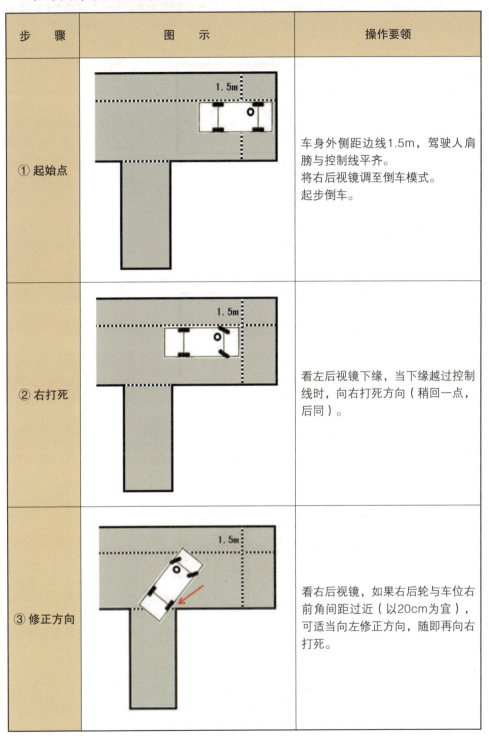	车身外侧距边线1.5m，驾驶人肩膀与控制线平齐。 将右后视镜调至倒车模式。 起步倒车。
② 右打死		看左后视镜下缘，当下缘越过控制线时，向右打死方向（稍回一点，后同）。
③ 修正方向		看右后视镜，如果右后轮与车位右前角间距过近（以20cm为宜），可适当向左修正方向，随即再向右打死。

步　骤	图　示	操作要领
④左回正	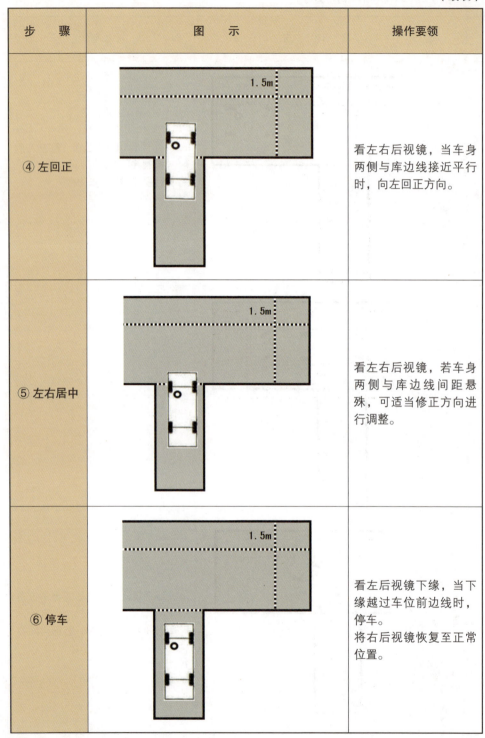	看左右后视镜，当车身两侧与库边线接近平行时，向左回正方向。
⑤左右居中		看左右后视镜，若车身两侧与库边线间距悬殊，可适当修正方向进行调整。
⑥停车		看左后视镜下缘，当下缘越过车位前边线时，停车。 将右后视镜恢复至正常位置。

（3）出库（以右出库为例）

步　骤	图　示	操作要领
① 起步	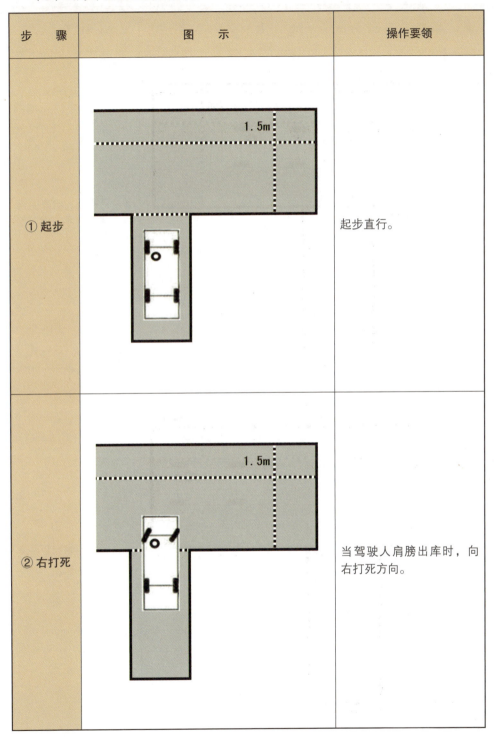	起步直行。
② 右打死		当驾驶人肩膀出库时，向右打死方向。

步　骤	图　　　示	操作要领
③ 回正方向	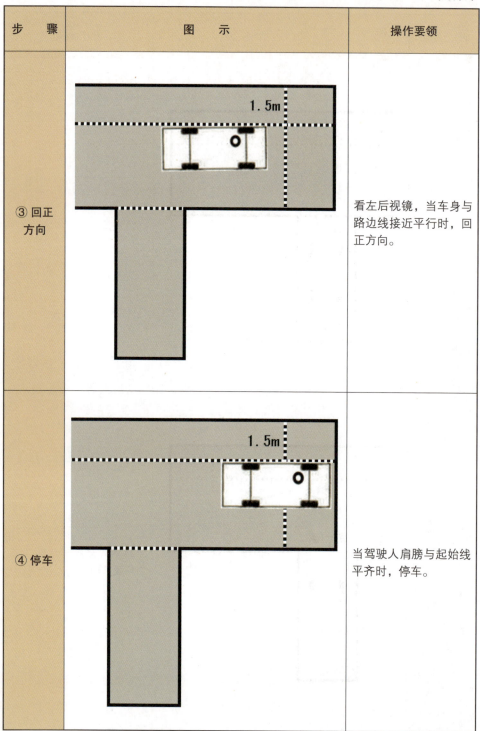	看左后视镜，当车身与路边线接近平行时，回正方向。
④ 停车		当驾驶人肩膀与起始线平齐时，停车。

2 侧方停车

（1）侧方停车介绍

图示	步骤	操作要求	评判标准	操作要领
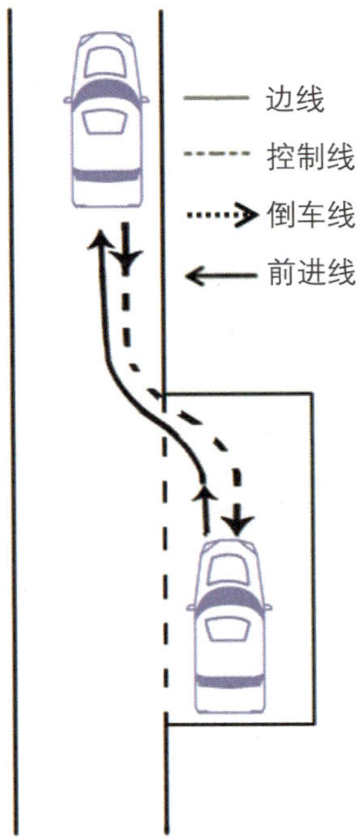	① 倒库	车辆在库前方一次倒车入库，中途不得停车。	① 车辆入库停止后，车身出线的，不合格； ② 行驶中车轮轧碰轧车道边线的，每次扣10分； ③ 行驶中车身触碰库位线的，每次扣10分； ④ 出库时不使用或错误使用转向灯的，扣10分； ⑤ 中途停车的，每次扣5分； ⑥ 完成时间超过规定的，不合格。	方向的打法： 右打死 →左回正 →左打死 →右回正
	② 出库	再前进向左前方出库，出库前应开启左转向灯，出库后关闭转向灯。		
	备注	车轮不触轧车道边线，车身不触碰库位边线；完成时间不得超过1.5min。		

图例：
—— 边线
----- 控制线
⋯⋯▶ 倒车线
—— 前进线

（2）侧方停车操作规程

步　骤	图　示	操作要领
① 右 打 死		车身右侧与边线保持50cm距离。 向前走，当后轮轴与车位前横线平齐时（看右后视镜，等车库前横线在右后视镜里向下边消失时）停车。 将左右后视镜调至倒车模式。 向右打死方向，向后倒车。
② 左 回 正		时机点： a）当车身转过45°时； b）右后视镜和车位前横线平齐时。
③ 左 打 死		时机点： a）看左后视镜，当左后轮接近车道连线时； b）车头右前角与车位前横线平齐时。

步　骤	图　示	操作要领
④右回正		时机点： 在车头进入车位，并逐渐走正时。
⑤停车		在车身顺正，且前后距离合适时，随即停车。 将左右后视镜恢复至正常位置。
⑥出库		向左转向，驶离停车位。

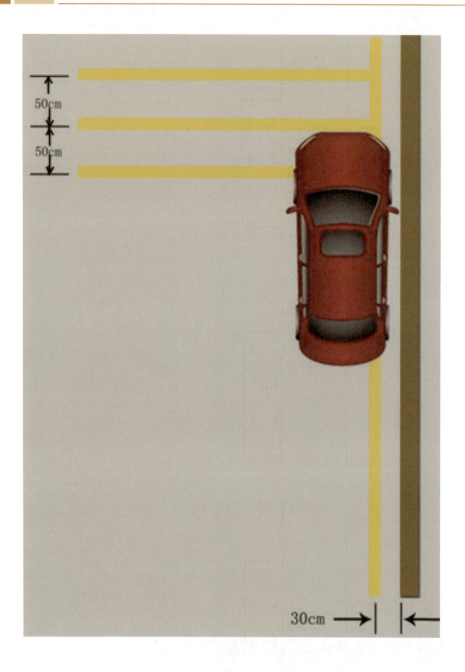

	定点停车	半坡起步
操作要求	控制车辆准确停车。	平稳起步，车辆不得后溜。 起步时间不得超过30s。
评判标准	① 车辆停止后，汽车前保险杠未定于桩杆线上： 前后不超出50cm的扣10分， 前后超出50cm的，不合格。 ② 车辆停止后，车身距离路边缘线超出30cm： 但未超出50cm的，扣10分； 超出50cm的，不合格。 ③ 停车后，未拉紧驻车制动杆的，扣10分。	起步超过规定时间的， 不合格。
操作要领	① 起步上坡　使车辆靠道路右侧缓慢行驶，并将车身右侧与边缘线的距离控制在30cm内。	① 起步准备　踩下离合器踏板 →挂1挡
	② 定点停车　当汽车前保险杠与定点停车线平齐时，立即停车。	② 起步上坡　半联动 →轻踩加速踏板 →松驻车制动杆 →车起动 →稳住走几米 →松离合器踏板、踩加速踏板 →正常上坡
	③ 后续处理　然后拉驻车制动杆、置空挡，松制动踏板、抬离合器踏板。	注意　半联动点： 不到半联动点会后溜，超过半联动点会熄火。

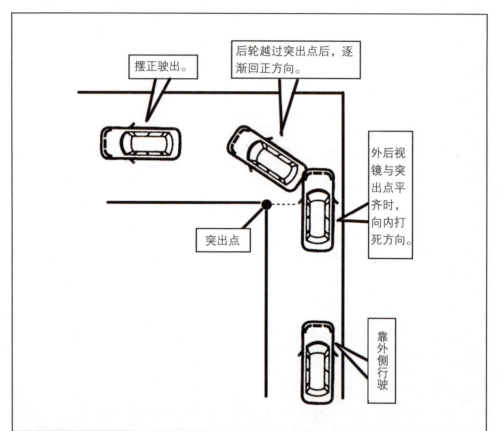

操作要求	评判标准
① 驾驶车辆按规定的线路行驶，由左向右或由右向左直角转弯；	
② 车轮不得碰轧车道边线；	不符本条，不合格；
③ 一次通过，中途不得停车；	不符本条，每次扣5分；
④ 转弯前，应开启转向灯，完成转弯后，关闭转向灯。	不符本条，扣10分。

5 曲线行驶

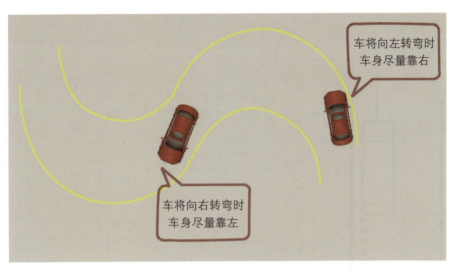

车将向左转弯时
车身尽量靠右

车将向右转弯时
车身尽量靠左

进入弯道，紧靠外侧行驶。

操作要求	评判标准
① 从弯道的一端前进驶入，从另一端驶出；	
② 车轮不得碰轧车道边线；	不符本条，不合格；
③ 以2挡（含）以上挡位；	不符本条，扣5分；
④ 行驶中转向、速度平稳；	
⑤ 中途不得停车。	不符本条，不合格。

6 通过单边桥（大型车）

图 示	步 骤	操作要求	评判标准
	① 左轮	车辆左前轮、左后轮从左侧单边桥上驶过；	其中有一车轮未上桥的，每次扣10分；
	② 右轮	然后右前轮、右后轮从右侧单边桥上驶过。	
	备注	使用2挡（含）以上挡位；	
		车轮不得落桥；	已骑上桥面，在行驶中出现一个车轮掉下桥面的，每次扣10分；
		中途不得停车。	中途停车的，每次扣5分。

通过限宽门（大型车）

图　示	操作要求	评判标准
	① 从三门之间穿越；	不按规定路线、顺序行驶的，不合格；
	② 不得碰擦悬杆；	不符本条，不合格；
	③ 车辆速度不低于 10km/h。	不符本条，扣10分。

图　　示	操作要求	评判标准
	① 将车骑于圆饼之上通过；	不按规定路线、顺序行驶的，不合格；
	② 车轮不得碰、擦、轧圆饼；	不符本条，每次扣5分；
	③ 不得触轧两侧道路边缘线；	不符本条，不合格；
	④ 车辆使用2挡（含）以上挡位；	不符本条，扣5分；
	⑤ 中途不得停车。	不符本条，每次扣5分。

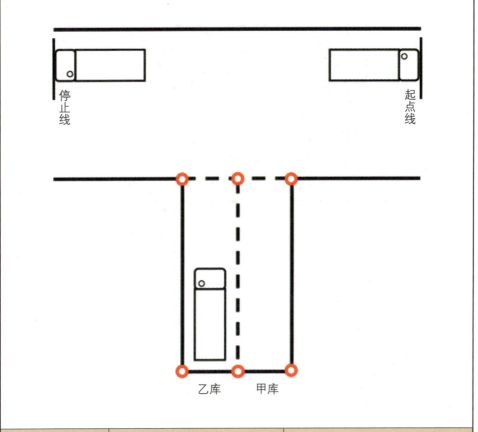

步　　骤	操作要求	评判标准
① 右倒进乙库	从起止点倒入乙库停正；	① 不按规定路线、顺序行驶的，不合格；
② 侧方移位	两进两退移库至甲库停正；	② 碰擦桩杆的，不合格；
③ 向左出乙库	前进从乙库出库至停止点；	③ 车身出线的，不合格；
④ 左倒进甲库	倒入甲库停正；	④ 倒库或移库不入的，不合格；
⑤ 向右出甲库	前进返回起止点。	⑤ 中途停车的，每次扣5分；
备注	车辆进退途中不得停车，完成时间不得超过8min。	⑥ 完成时间超过规定的，不合格。

10 窄路掉头（大型车）

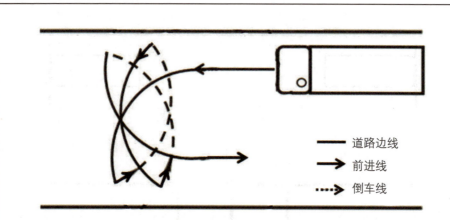

道路边线
前进线
倒车线

步骤	操作要求	评判标准	操作要领
① 停车	车辆行驶至掉头路段靠右停车；		转向盘打法： 前进时，先左后右； 倒车时，先右后左。
② 掉头	不超过三进二退，将车辆掉头；	不符本条，不合格；	
备注	运行时间不得超过5min。	车轮轧路边缘线的，不合格； 完成时间超过规定的，不合格。	

11 起伏路行驶（大型车）

步　骤	操作要求	评判标准
① 减速	车辆行驶至起伏路前减速；	不符本条，扣10分；
② 通过	缓慢通过起伏路；	车速控制不当，车辆严重跳跃的，不合格；
备注	中途不得停车。	不符本条，不合格。

步　骤	操作要求	评判标准
① 驶入	车辆行驶至入口匝道后，开启左转向灯，向左侧回头观察来车情况，确认安全后，加速驶入行车道至最低限速后正常行驶，关闭转向灯；	① 驶入高速公路时，未提速至规定车速的，不合格； ② 行驶中占用两条车道、应急车道或大型车辆前后100m均无其他车辆仍不靠右侧车道行驶的，不合格；
② 变道	需要变更车道时，应开启准备驶入车道一侧的转向灯，观察来车情况，确认安全后变更车道；	不符本条，不合格；
③ 驶出	驶出高速公路时，按照出口预告标志提前调整车速和车道。	不符本条，不合格。

13 模拟连续急弯山区路行驶（大型车）

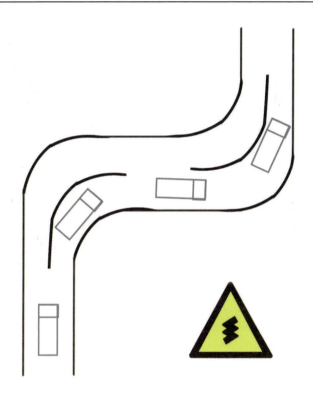

步　骤	操作要求	评判标准
① 减 右 鸣	车辆行驶至弯道前，减速、靠右、鸣喇叭，后驶入弯道；	① 进入弯道前未减速至通过弯道所需的速度的，不合格； ② 进入弯道前未鸣喇叭的，扣10分；
② 车 道	行驶时不得占用对方车道。	③ 弯道内占用对方车道的，不合格； ④ 转弯过程中方向控制不稳，车轮轧弯道中心线或道路边缘线的，不合格。

步　　骤	操作要求	评判标准
① 标 志	车辆行驶至隧道前观察隧道处道路交通标志，按标志要求操作；	
② 驶 入	驶抵隧道时先减速、开启前照灯、鸣喇叭；	① 驶抵隧道时未减速或未开启前照灯的，不合格； ② 驶入隧道后不按规定车道行驶、变道的，不合格； ③ 驶抵隧道入（出）口时未鸣喇叭的，扣5分； ④ 驶出隧道后未关闭前照灯的，扣5分。
③ 驶 出	驶抵隧道出口时，鸣喇叭、关闭前照灯。 禁止鸣喇叭的区域不得鸣喇叭。	

模拟雨（雾）天行驶（大型车）

要　领		操作要求		评判标准
减　速		车辆减速行驶；		
雨　天		雨天视雨量大小选择刮水器挡位；		不符本条，不合格；
雾　天		雾天开启雾灯、示廓灯、前照灯、危险报警闪光灯。		不符本条，不合格。
特别说明	专家观点	雨雾天除不得开远光灯外，也不得开危险报警闪光灯（双闪）： ① 雾灯要比双闪穿透力强，打开雾灯已足以警示； ② 双闪会造成后车判断困难，不知道前车是静止还是在行车，是在刹车还是要转弯； ③ 多车双闪，容易造成后车驾驶人视觉疲劳。		
	正确操作	雨雾：小	雨雾：中	雨雾：大
		示廓灯	近光灯 或 加开前雾灯	近光灯 + 后雾灯

步　骤	操作要求	评判标准
① 减速	进入湿滑路前，减速行驶；	不符本条，不合格；
② 通过	进入湿滑路后，使用低速挡匀速行驶，平稳控制车辆方向通过。	未能使用低速挡平稳通过的，不合格； 通过时急加速、急制动的，不合格。

17 模拟紧急情况处置（大型车）

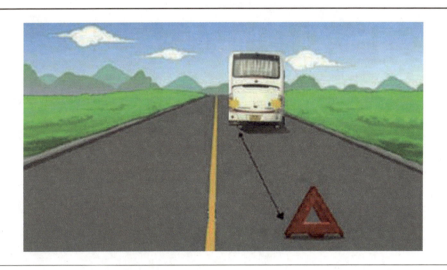

普通公路：50～100m；高速公路：＞150m

2选1	步　骤	操作要求	评判标准
前方突然出现障碍物	① 停车	应立即制动，迅速停车；	不符本条，不合格；
	② 报警闪光灯	停车后开启危险报警闪光灯。	不符本条，不合格。
高速公路行驶遇爆胎等车辆故障	① 停车	合理减速、观察后方跟车情况、将车平稳停于应急车道；	不符本条，不合格；
	② 报警闪光灯	开启危险报警闪光灯；	不符本条，不合格；
	③ 乘员撤离	发出乘员撤离至护栏外的提示；	不符本条，不合格；
	④ 警告标志	正确摆放警告标志；	不符本条，不合格；
	⑤ 撤离报警	驾驶人本人撤离至护栏外侧，模拟报警。	不符本条，不合格。

4

Chapter
第四章

科目三（路考）
标准操作规程

1 上车准备

步　　骤	操作要求	评判标准
① 环视	逆时针绕车一周，观察车辆外观和周围环境，确认安全；	不符本条，不合格；
② 上车	打开车门前应观察后方交通情况。	不符本条，不合格。

2　起步

步　骤	操作要求	评判标准
① 车门	起步前检查车门是否完全关闭；	不符本条，不合格；
② 调整	调整座椅、后视镜；	不符本条，扣5分；
③ 安全带	系好安全带；	不符本条，不合格；
④ 驻车制动杆和变速杆	检查驻车制动器、挡位；	挡位未置于空挡（驻车挡）的，不合格；
⑤ 点火	起动发动机；	起动后，不及时松开起动开关的，扣10分；
⑥ 仪表	检查仪表；	不符本条，扣5分；
⑦ 观察	观察内、外后视镜，回头观察后方交通情况；	不符本条，不合格；
⑧ 转向灯	开启转向灯；	不符本条，不合格；
⑨ 挂挡	挂挡；	
⑩ 松驻车制动杆	松驻车制动杆；	不松驻车制动杆起步：能及时纠正的扣10分，未及时纠正的不合格；
⑪ 起步	起步过程平稳、无闯动、无后溜，不熄火。	道路交通情况复杂时起步不能合理使用喇叭的，扣5分；制动气压不足起步的，不合格；起步时车辆发生闯动的，扣5分；起步时，加速踏板控制不当，致使发动机转速过高的，扣5分。

| 小幽默 | 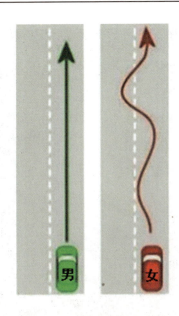 |  |

要 领	操作要求	评判标准
车 速	根据道路情况合理控制车速；	遇前车制动时不及时采取减速措施的，不合格； 未及时发现路面障碍物或发现路面障碍物未及时采取减速措施的，扣10分；
挡 位	正确使用挡位；	
直 线	保持直线行驶；	不符本条，不合格；
车 距	跟车距离适当；	
观 察	行驶过程中适时观察内、外后视镜；	不符本条，扣10分；
视 线	视线不得离开行驶方向超过2s。	不符本条，不合格。

操作要求	评判标准
根据路况和车速，合理加减挡，换挡及时、平顺。	未按指令平稳加、减挡的，不合格； 车辆运行速度和挡位不匹配的，扣10分。

5 变更车道

图　示	步　骤	操作要求	评判标准
	① 转向灯	变更车道前，正确开启转向灯；	不符本条，不合格；
	② 观察	通过内、外后视镜观察，并向变更车道方向回头观察后方道路交通情况；	不符本条，不合格；
	③ 变道	确认安全后变更车道；	
	④ 转向灯	变更车道完毕关闭转向灯。	不符本条，不合格；
	备注	变更车道时，判断车辆安全距离，控制行驶速度，不得妨碍其他车辆正常行驶。	不符本条，不合格。

③车头将正时向右回一点方向即可摆正车身，然后停车

②向左回方向，回过头一点

①向右打方向，使车头向右甩

按"三把方向"实现短距离路边完美停车

步　　骤	操作要求	评判标准
① 开转向灯	开启右转向灯；	不符本条，不合格；
② 观察	通过内、外后视镜观察后方和右侧交通情况，并回头观察；	不符本条，不合格；
③ 停车	确认安全后，减速，向右转向靠边，平稳停车（车身距离道路右侧边缘线或者人行道边缘30cm以内）；	考试员发出靠边停车指令后，未能在规定的距离内停车的，不合格； 停车后，车身超过道路右侧边缘线或者人行道边缘的，不合格； 停车后，车身距离道路右侧边缘线或者人行道边缘，超出30cm未超出50cm的扣10分，超出50cm的不合格；
④ 制动	拉紧驻车制动杆；	停车后未拉紧驻车制动杆的，扣10分； 拉紧驻车制动杆前放松行车制动踏板的，扣10分；
⑤ 关转向灯	关闭转向灯；	不符本条，不合格；
⑦ 下车	需要下车的，回头观察左后方交通情况，确认安全后，缓慢打开车门；	在打开车门前不回头观察左后方交通情况的，不合格； 下车前不将发动机熄火的，扣5分；
⑧ 关门	下车后关闭车门。	不符本条，不合格。

步 骤	操作要求	评判标准
① 观察	合理观察交通情况，减速或停车瞭望；	不符本条，不合格；
② 车道	根据车辆行驶方向选择相关车道；	
③ 转向灯	正确使用转向灯；	不符本条，不合格；
④ 通过	根据不同路口采取正确的操作方法，安全通过路口。	不主动避让优先通行的车辆、行人、非机动车的，不合格； 遇有路口交通阻塞时进入路口，将车辆停在路口内等候的，不合格； 左转通过路口时，未靠路口中心点左侧转弯的，扣10分。

通过特殊区域：人行横道线、学校、公共汽车站

步骤	人行横道线	学　校	公共汽车站	评判标准
① 减速	减速；	提前减速至30km/h以下；	提前减速；	不符本条，不合格；
② 观察	观察两侧交通情况；	观察情况；	观察公共汽车进、出站动态和乘客上下车动态，着重注意同向公共汽车前方或对向方穿道路；	不符本条，不合格；
③ 通过	确认安全后，合理控制车速通过，遇行人停车让行。	文明礼让，确保安全通过，遇有学生横过马路时应停车让行。	礼让通过。	不符本条，不合格。

图　示	要　领	操作要求	评判标准
	地　点	正确判断会车地点，会车有危险时，控制车速，提前避让，调整会车地点；	
	间　距	会车时与对方车辆保持安全间距。	在没有中心隔离设施或者中心线的道路上会车时，不减速靠右行驶，或未与其他车辆、行人、非机动车保持安全距离的，不合格； 会车困难时不让行的，不合格； 横向安全间距判断差，紧急转向避让对方来车的，不合格。

14 超车

图　示	序	操作要求	评判标准
	① 跟车	超车前，保持与被超越车辆的安全跟车距离；	
	② 转向灯	开启左转向灯；	不符本条，不合格；
	③ 观察	通过内、外后视镜观察后方和左侧交通情况，并回头观察；	不符本条，不合格；
	④ 时机	确认安全后，选择合理时机；	超车时机选择不合理，影响其他车辆正常行驶的，不合格；
	⑤ 发信号	鸣喇叭或交替使用远近光灯；	当后车发出超车信号时，具备让车条件不减速靠右让行的，扣10分；
	⑥ 超车	从被超越车辆的左侧超越；	在没有中心线或同方向只有一条行车道的道路上从右侧超车的，不合格；
		超车时，观察被超越车辆情况；	不符本条，不合格；
		保持横向安全距离；	不符本条，不合格；
	⑦ 驶回	超越后，开启右转向灯；	不符本条，不合格；
		通过内、外后视镜观察后方和右侧交通情况，并回头观察；	不符本条，不合格；
		在确认不影响被超越车辆正常行驶的情况下，逐渐驶回原车道；	
	⑧ 转向灯	关闭转向灯。	不符本条，不合格。

允许掉头标志

掉头车道标志

步　骤	操作要求	评判标准
① 观察	观察前、后方交通情况；	不能正确观察交通情况选择掉头时机的，不合格；
② 减速	确认安全后减速或停车；	掉头地点选择不当的，不合格；
③ 信号	开启左转向灯；	不符本条，不合格；
④ 掉头	掉头时不妨碍其他车辆和行人的正常通行。	掉头时妨碍其他车辆和行人正常通行的，扣10分。

16 模拟夜间灯光使用（小型车）/夜间行驶（大型车）

交通情况		操作要求	评判标准
起步前		开启 前照灯	不符本条， 不合格；
行驶中	无照明、照明不良的道路；	远光灯	不符本条， 不合格；
	照明良好的道路、会车、路口转弯、近距离跟车等情况；	近光灯	不符本条， 不合格；
	超车、通过急弯、坡路、拱桥、人行横道或者没有交通信号灯控制的路口时。	交替使用 远近光灯 示意	不符本条， 扣5分；
临时停车		示廓灯	不符本条， 不合格。

5 Chapter
第五章

科目四（安全文明）
重要常识

1 安全驾驶三重保障

（1）情况明：交通安全眼为先

重要性	看见和被看见，是交通安全第一保障要素。 视线到位，是交通安全保障的前提和关键。 视线未及：犹如蒙眼狂奔，危险就在身边。 看清周围：即可正确处置，确保安全。	
要求	交通参与者，要互相看见。 看清车周围，让人看见你。 眼见才为实，不可想当然。 看清对方位置和动向。	
方法	看清车周围	眼观六路，耳听八方。 眼未到，车不到；看不见，亮灯号。 转向要看车侧后，一中二侧三回头。 （三部曲：中央后视镜→侧后视镜→回头）
	让人看见你	要发信号（灯号）： 自身要变化 进入别人盲区 视线环境不良 复杂紧急情况

（2）防风险：一盲三变要留神

风 险 源	举　　例		应对三招
盲　　区	自身、环境		
道路变化	交叉	急弯路	一盲三变有风险，一慢二看三通过。
	陡坡	变窄	
	绕行	施工	一慢： 减速、备刹 ↓ 二看： 紧盯风险源 ↓ 三通过： 要谨慎通过
	合流	分流	
	车道数增加	车道数变少	
自身变化	变道	转弯	掉头	制动
其他交通参与者变化			

（3）加保险：十分把握七分开

原则	主动降低驾驶任务难度。	
重要性	十分把握七分开，留着三分防意外。	
要求	驾驶技术能力 > 驾驶任务难度。	
方法	驾驶行为	条件不充分时，不变道，不超车。 中速行车，自我限速。
	驾驶环境	建议新手等驾驶人，尽量避免高难环境下开车： 高速公路 山区路 雨雾天 夜间行驶

2 **不宜跟的八种车**

种 类	图 示	原 因
① 大货车		遮挡视线，本身盲区大，制动性能差，易洒落货物。要远离"大祸车"：不跟、不被跟、不并行。
② 公交车		遮挡视线，随时会变道靠站。
③ 出租车		随时靠边停车上下客。
④ 外地车		道路不熟，随时停车问路，可能突然变道或转向。

种 类	图 示	原 因
⑤豪车		车辆性能超好，车主可能是"霸道路虎"，一旦刮蹭你赔不起。
⑥残旧车		车辆性能差，容易失控，一旦刮蹭他赔不起。
⑦新手		技术不熟练，开车不规范。
⑧二轮车		突然横向侧拐幅度大，要保持足够横向间距。

3 全国交通安全日

届　次	年　份	活动主题

		每年12月2日
1	2012	遵守交通信号，安全文明出行。
2	2013	摒弃交通陋习，安全文明出行。
3	2014	抵制七类违法，安全文明出行。
4	2015	拒绝危险驾驶，安全文明出行。
5	2016	社会协同治理，安全文明出行。
6	2017	遵法守规明礼，安全文明出行。

中央电视台新闻频道 公安部交通管理局
（2015年12月）

遵章守法要自觉，安全文明记心中；

不超员、不超速，不逆行、不闯灯；

不占道、不乱停，不抛物、礼让行；

不打电话不酒驾，开车累了停一停；

不斗气、不乱鸣，会车关闭远光灯；

不强超、不强会，拒绝路怒心要静；

安全带、要系好，开车门前向后瞧；

应急车道不占用，熟记标志和禁令；

轻微事故快速处，道路拥堵听民警；

常给爱车做体检，和谐交通万里行。

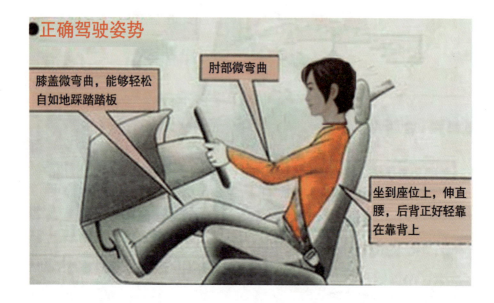

正确驾驶姿势

膝盖微弯曲，能够轻松自如地踩踏踏板

肘部微弯曲

坐到座位上，伸直腰，后背正好轻靠在靠背上

开车不并行，更不可居中。

侧面有遮挡，谨防鬼探头。

超车防车前，会车防车后。

逢变有风险，减速盯险源。

守道正常行，要变先看清。

车后盲区多，多进少倒车。

停车入窄库，摆尾再摇头。

点刹防追尾，停车不前冲。

距离产生美，和谐保安全。

熄火溜车危险，制动方向失控。

紧走沙，慢走水，黑夜走灰不走黑。

中速行车好处多，安全节油又省车。

保险赔钱不赔命。

预估风险，防患未然。

杜绝侥幸，安全保证。

宁停三分，不抢一秒。

与人方便，自己安全。

道路千万条，安全第一条。

礼让三为先，不开斗气车。

宁绕百步远，不抢一步险。

车轮一动三分险，安全二字记心间。

十次肇事九次快，迟到总比没到好。

安全行车千万里，大意事故就几米。

1 易犯的"毁车"行为

类 别	图 示	行 为	说 明
起 步		点火一气呵成	每一个挡位，要停顿6s。
		长时间原地热车	点火后，直接先怠速行驶几十米。
		深踩加速踏板起步	
方 向		死打轮	车未动，轮不动。
		打死轮	将方向打到极限时，应再稍回一点。
		停车未回正	就像崴了脚腕子。
离 合		长时间半联动	
		踩离合器踏板太慢	要深踩缓抬。
换 挡		离合器踏板未踩到底就换挡	
		车未停稳就挂P/R位	
制 动		行车忘松驻车制动杆	
		经常紧急制动	
路 面		经过沟坎不减速	
		经过水坑不减速	
停 车		轮胎蹭上路肩	轮胎侧面是其薄弱环节。
		长时间陡坡停车	
其 他		油灯亮了才加油	
		烈日下洗车	
		长时间停车不用	

8 交通事故处理常识

（1）京津冀事故e处理

这是一款机动车交通事故快速处理的手机客户端（App）。

适用	机动车之间发生"人无伤、车能动"的交通事故，当事人可以使用手机客户端处理。
不适用	① 车辆无号牌的；② 无检验合格标志的； ③ 驾驶人无驾驶证的；④ 无交强险标志的；⑤ 未在本省市投保交强险的； ⑥ 驾驶人饮酒的；⑦ 一方逃逸的；⑧ 碰撞建筑物、公共设施及其他设施的。
责任认定	使用"事故e处理"认定事故责任，实行简化分责原则，分为全责–无责、同等责任两种情形。 一方当事人有追尾、逆行、倒车、溜车、开关车门、违反交通信号、未按规定让行、依法应负全部责任的其他情形的，另一方当事人无上述情形的，前者认定为全责。 除此之外的当事人负同等责任。
使用方法	① 拍照取证	当事人按手机客户端提示指引拍摄交通事故影像，保存成功后即可将事故车辆撤离现场，移至不妨碍交通的地点。 发生机动车交通事故后，对应当自行撤离现场而未撤离现场妨碍交通的，公安交管部门将拖移其车辆至不妨碍交通的地点；造成交通拥堵的，由交通警察当场或使用监控设备记录违法行为并予以处罚。
	② 责任认定	当事人能够自行协商认定责任的，由当事人自行认定责任；不能协商认定责任的，当事人可以通过手机客户端请求交通警察在线远程指导认定事故责任。 认定责任后，通过手机客户端填写电子版《机动车交通事故快速处理协议书》，各执一份，作为事故处理及保险理赔的依据。
	③ 保险理赔	当事各方均在本省市投保车辆保险的，有责方当事人可以选择"在线报案"。 任意一方机动车未在本省市投保车辆保险的，当事人使用手机客户端完成"拍照取证"及"责任认定"环节后，共同到属地公安机关交通管理部门开具相关法律文书。

（2）交通事故取证方法

	类　　型	位　　置	备　　注
拍照要求	全景照	车前、车后、两侧面	旁边的标志、标线周边的商店、路标
	细节照	碰撞点制动痕迹车轮位置	要清晰
全景照图示	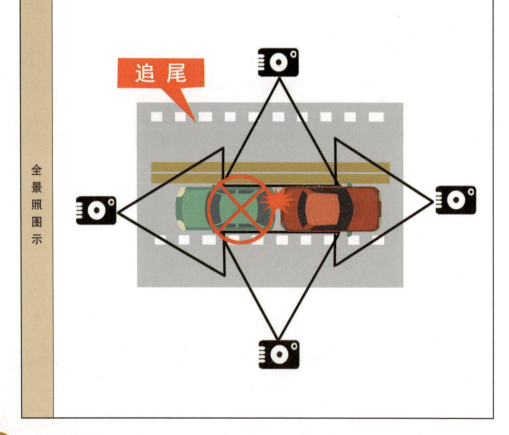		

追尾

（3）交通事故赔偿规定

项目	小项	赔偿顺序			② 商业险	③ 致害人
		① 交强险（限额）				
		车有责	车无责	免责		
死亡伤残	丧葬费	11万	1万	受害人免责；责任方为故意伤害、无证驾驶、醉驾、驾驶盗抢车辆	按约赔偿	按责分担
	死亡补偿费					
	残疾赔偿金					
	残疾辅助器具费					
	护理费					
	康复费					
	交通费					
	被抚养人生活费					
	住宿费					
	误工费					
	精神损害抚慰金					
医疗费用	医药费	1万	1千			
	诊疗费					
	住院费					
	后续治疗费					
	住院伙食补助费					
	整容费					
	营养费					
财产损失		2千	1百			

总的原则：安全、文明

可以判断为对的√	1. 基本上不准驾驶人做的都是对的	不应、不能、不准、不得、禁止、严禁
	2. 主动让行的都是对的	停车让行、减速让行、礼让、靠边减速避让
	3. 缓慢通过的都是对的	慢速通过、减速、慢行通过、平稳、将速度降低
	4. 注意观察的都是对的	减速观察、左右观察、停车观察、瞭望后通过
	5. 确认安全的都是对的	保证安全、安全通过、确认安全
可以判断为错的×	1. 决策武断的都是错的	只要、只用、只需、就可以了
	2. 过激反应都是错的	急打方向、猛打方向、紧急制动、急踩踏板

10 开车时的眼神，暴露了你的驾龄！

序	行　　为	驾　龄
①	眼睛直勾勾地盯住正前方的	未满月
②	还经常性地看挡位的	1～3月
③	拐弯并线时能够看后视镜的	3～6月
④	拐弯并线时能够回头看的	6～12月
⑤	能跟前排乘员座位的乘客进行语言、视线交流的	1年
⑥	能够对行车电脑一目了然的	2年
⑦	乐于欣赏120°视线内的路边景色的	3年
⑧	能够根据前方100m以内的路况采取最佳措施的	4年
⑨	能够对周围车辆或其驾驶人发表评论的	5年
⑩	一眼看出对方车辆是"女司机"的	6年
⑪	能够只看后视镜倒车的	7年
⑫	随时留意看交通标志预知前方路况的	8年

11　你修炼成"老司机"了吗？

（1）技术

场　景	新司机	老司机
驾驶姿势	双手牢牢抓住方向盘，座椅调得偏靠前且笔直直的。	单手握方向盘，座椅调得相对靠后，像躺靠在自家沙发上，舒服自然。
等红灯	一直踩着离合器踏板和制动踏板，直到变灯，无视空挡和驻车制动杆的存在。	挂空挡，拉驻车制动杆，解放双脚，然后休息一下双眼。
信号灯遮挡	前车遮挡信号灯时，反应迟钝，缓慢起步。	利用相关动态信息间接判断红绿灯变化，如：横向车道红绿灯，横向车道车辆动态，前方车辆制动灯或蠕动，对向来车动态。
泊车	泊车都是一头扎进去。只要能进去就行，左右距离一般都不看。	泊车都是倒车入库，而且车正轮正，车辆两侧留有合适空间方便上下车。
并道	要么提前很长时间就开始打转向灯并不过去，要么不打灯突然并线。	看准时机，打转向灯，加速并线，干净利索。
加塞	打了转向灯，半天也加不进去。	打转向灯，一点一点往里蹭。

（2）守法

场　景		新司机	老司机
违法		压线行驶、随意变道、想停就停、超速超载，毫无规则意识，马路就是自家开的。	违法要不得，否则收获的不仅是罚单，事故概率也直线上升！

（3）礼让

场　景		新司机	老司机
礼让		开车一年时，觉得自己车技非常了得，什么车都敢超，什么车都不让，马路就是自家开的。	市区里公交和出租才是"爷"，高速路上货车也是"爷"，碰到他们都得敬而远之。
被加塞		从前开车见人家的车并道时，还要向前挤一把，休想加塞。	现在只要有个车并进来了，就让一把，心里琢磨着此人是不是个新手。
抢灯		刚把车开熟了以后，觉得黄灯亮了就是用来抢的，后来才觉得黄灯是用来停的。	现在过绿灯都要备制动滑过，以便随时让行那些抢黄灯的和闯红灯的。
灯光		晚上开车一直开着远光，不知道适时变换远近光。	如果对方什么也看不见，处在危险边缘的也包括自己。所以，夜晚每次会车首先会变成近光。

（4）心态

场景		新司机	老司机
刮蹭		行车的时候发生刮蹭事故，总想暴打对方一顿。	如今被人追尾了，都想私了算了，吃点亏总比天天跑交警队和保险公司省事。
骂人		被马路上的人骂了一句，一定要骂回去见个高低。	多想想开心的事情。
教训别人		从前看到别人乱开车瞎闯，就想教训对方一下。	现在反而觉得检讨自己不能像他一样，才是最有益的。

（5）其他

场景		新司机	老司机
加油		"加满！"并且目不转睛地盯着加油枪，寸步不离。	"加200。我去买瓶水，好了叫我。"
自驾游		检查带的食物够吗？	检查汽油有没有加够。
保养		"我这是几保？"	"帮我检查下胎压、冷却液，把轮胎位置对调一下。"
换轮胎		开到4S店，请专业工程师来换。	把我的千斤顶和备胎拿来，扳手螺栓齐上阵，自己动手。
借车		刚拿到本时，见到什么车都想开，连拖拉机也没放过。	别人的车能不开就不开，觉得自己的车才是最好开的。

Appendix
附录
A

生活中的泊车技术

1 泊车技术总论

上山容易下山难，开车容易泊车难

（1）泊车注意事项

① 如非特殊情况，建议采取倒车入库的方法泊车；

② 选择最佳停车位，仔细观察停车位大小及周边环境障碍物；

③ 停车前，脑子里要预先设想好泊车行驶轨迹路线；

④ 开始倒车的起始点位置非常关键，要尽量精准到位；

⑤ 倒车过程中，清楚知道各环节的"危险点"在哪儿；

⑥ 要看清"危险点"的情况，眼见为实，确认安全，不可想当然。

⑦ 必要时，要下车察看，或请人指挥。

（2）停车场与停车位

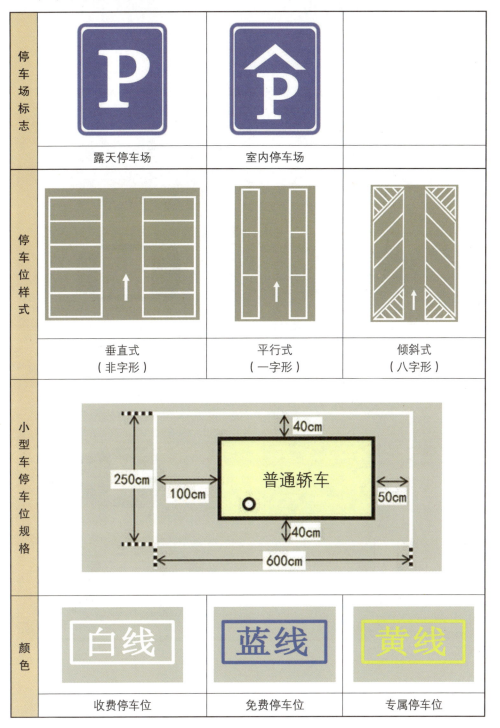

停车场标志	露天停车场	室内停车场	
停车位样式	垂直式（非字形）	平行式（一字形）	倾斜式（八字形）
小型车停车位规格	普通轿车　40cm　250cm　100cm　50cm　40cm　600cm		
颜色	白线 收费停车位	蓝线 免费停车位	黄线 专属停车位

2 垂直式停车位

（1）四种基本泊车方法

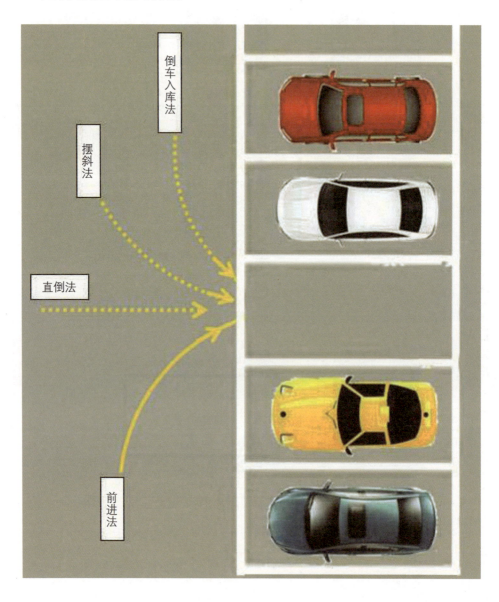

（2）倒车入库法详解

步　骤	图　示	操作要领
路 线 图		精准起始点， 右打死即可。 视线监控： 隔壁无车时， 通过后视镜看线； 隔壁有车时， 回头看两隔壁车辆。
① 右 打 死	1.5m	起始点：和停车位间距1.5m， 驾驶人肩膀与隔一个车位中心 线平齐（后轮轴与该车位左边 线平齐）。 将右后视镜调至倒车模式。 向右打死倒车。
② 修 正 方 向	20cm	如果右后轮与车位右前角间距 过近（以20cm为宜），可适当 向左修正方向，随即再向右打 死。

步　骤	图　示	操作要领
③ 左 回 正		当车头即将摆正时，向左回正方向。
④ 左 右 居 中		看左右后视镜，若车身两侧与车位边线间距悬殊，可适当修正方向进行调整。
⑤ 停 车		当左后视镜下缘越过车位前边线，或车头与"左邻右舍"平齐时，停车。 将右后视镜恢复至正常位置。

（3）其他方法简明图示

方　法	图　示	说　明
摆斜法	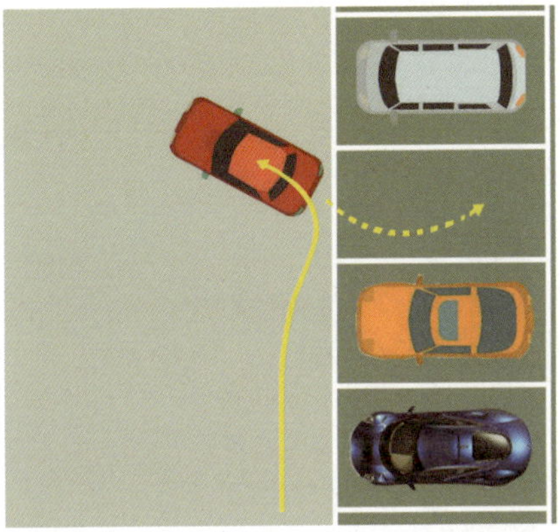	可以防止后车"扎头"抢占车位。
直倒法	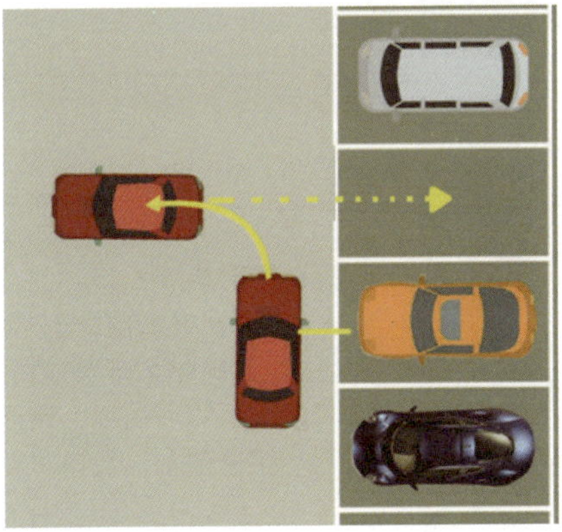	肩膀与隔壁车位中心线平齐时，打死方向。
前进法	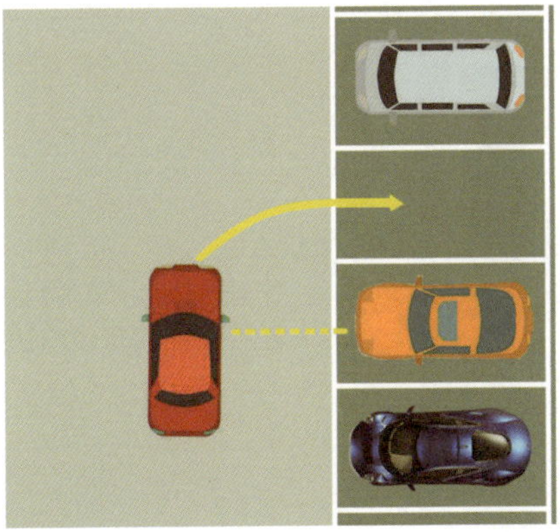	可以防止后车"扎头"抢占车位。

3 平行式停车位

（1）侧方停车法详解

步　骤	图　示	操作要领
路线图		方向的打法： 右打死 →左回正 →左打死 →右回正
① 右打死	0.5m	车身右侧与边线保持0.5m距离，并且把握以下时机点： a）右后视镜和前车B柱对齐； b）当后轮轴与车位前横线平齐时。 将左右两侧后视镜，调至倒车模式。 起步缓慢倒车，快速向右打死。
② 左回正	45°	时机点： a）当车身转过45°时； b）右后视镜和车位前边线平齐时。

步　骤	图　示	操作要领
③左打死		时机点： a）车头右前角与车位前边线平齐时； b）看左后视镜，当左后轮接近车位左边线时。 注意观察车身右侧边距。
④右回正		当车身逐渐走正时，回正方向，并相机修正调整车身。
⑤停车		在车身位置适当后，停车。 将后视镜恢复至正常位置。

（2）其他三种方法简明图示

后　退　法

靠边停车法

摆　斜　法

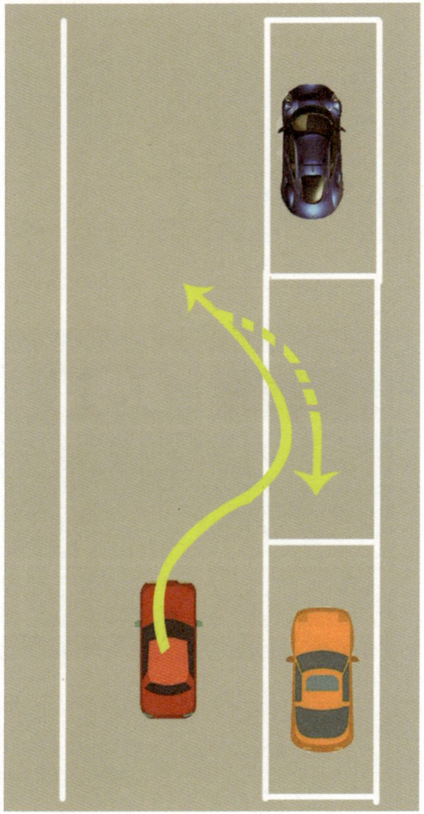

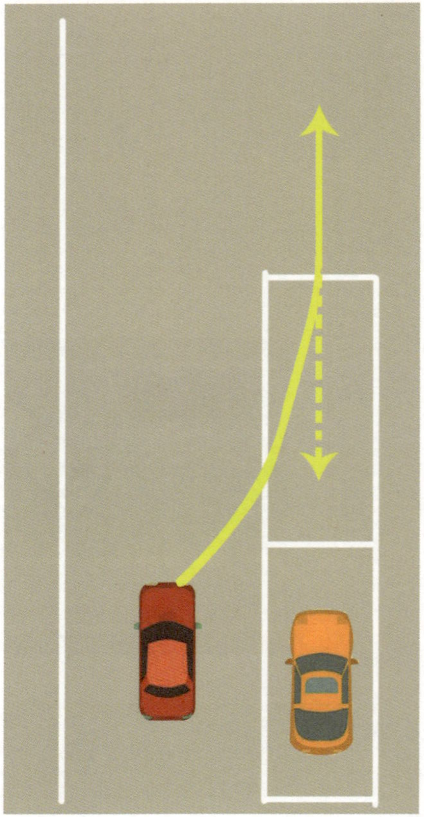

4 倾斜式停车位

（1）摆斜直倒法详解

图　示	步　骤		操作要点
	①	驶向停车位	和车位间距0.5m。
	②	向外打死	时机点：外后视镜与前车位线平齐。
	③	停车	时机点：当车身纵向与停车位顺正时。
	④	倒车	缓慢倒车，回正车轮。
	⑤	修正方向	观察左右后视镜，调整车辆与车位在一直线上且居中。
	⑥	停车	时机点：和左右车辆平齐时。

50cm

（2）其他两种方法简明图示

	图　　示	说　明
倒车入库法	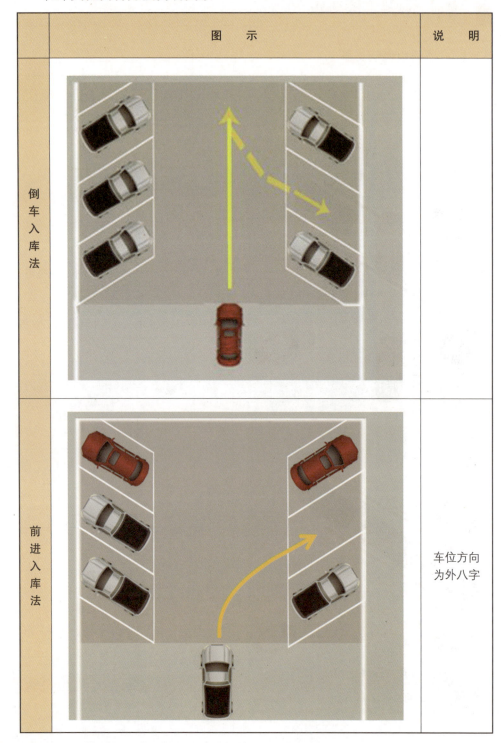	
前进入库法		车位方向 为外八字

①	不要挡住消防通道；	方便他人
②	不要挡住他车通道；	
③	不要一车占二位；	
④	车内留联系电话；	
⑤	尽量不停在拐弯处；	安全自己
⑥	远离阳台、窗户；	
⑦	树下不停车；	
⑧	空间狭小将后视镜折起；	
⑨	空间狭小尽量倒车入位；	
⑩	车内勿放贵重物品或貌似贵重的物品。	

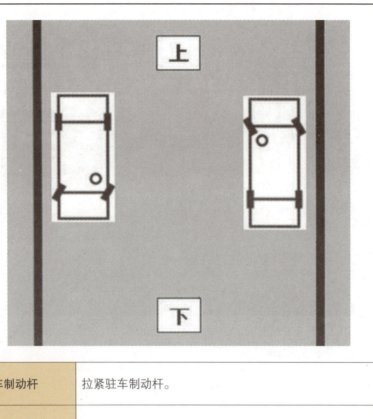

驻车制动杆		拉紧驻车制动杆。
挡位	手 动 挡	停车后挂上挡，俗称别挡： 上坡挂1挡，下坡挂倒挡。
	自 动 挡	挂入P位。
方　　向		若路边有凸起路沿： 上坡：车轮偏向左； 下坡：车轮偏向右。
辅　　助		低位车轮下，垫上石块。

Appendix
附录
B

有车族的汽车生活

1 您身边的"网上交警"——互联网交通安全综合服务管理平台

采用网页、语音、短信、移动终端四种方式,为广大交通参与者提供全方位的交通安全管理服务。

广大交通参与者足不出户,动动鼠标、手指,即可轻松办理各种交管业务,最大程度地便民利民。

互联网平台	
手机App	

（↑从下向上看↑）

类　　别		乘用车家族变形记	特　　点	
⑦	面 包 车		前无"鼻子"，后无"屁股"，像个长方体盒子。	
⑥	MPV	多功能车	在SUV的基础上，进一步加长车身。	
⑤	SUV	运动型多用途车	在旅行车的基础上，增加了越野性能。	
④	旅 行 车		把三厢轿车行李箱，加高到车顶平齐。	
③	轿车	三厢车	前有"鼻子"，后有"屁股"。	舒适性
②		两厢车	有"鼻子"，无"屁股"。	
①	跑车	运动型轿车	赛车的民间版，爱车之人的梦想。	

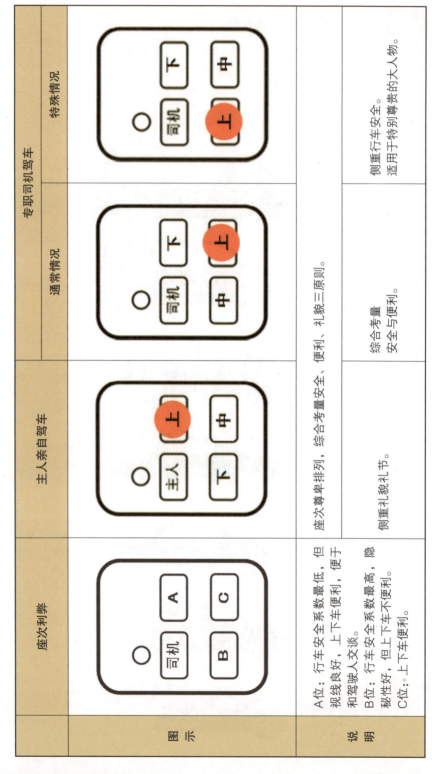

座次利弊	主人亲自驾车	专职司机驾车	
		通常情况	特殊情况
图示			
说明 A位：行车安全系数最低，但视线良好，上下车便利，便于和驾驶人交谈。 B位：行车安全系数最高，隐秘性好，但上下车不便利。 C位：上下车便利。	座次尊卑排列，综合考量安全、便利、礼貌三原则。 侧重礼貌礼节。	综合考量安全与便利。	侧重行车安全。 适用于特别尊贵的大人物。

4 国外主要车系简介

国家	车型特点	著名汽车品牌		
德国	严谨、务实 ↓ 造型传统， 坚固耐用， 安全性好， 综合性能优。	奔驰	宝马	保时捷
		奥迪	大众	迈巴赫
美国	自由、霸气 ↓ 豪华气派， 前脸栅格， 窗镶铬条， 宽敞舒适， 动力强劲， 油耗高。	克莱斯勒	林肯	凯迪拉克
		福特	别克	雪佛兰

国家	车型特点	著名汽车品牌		
英国	孤傲、绅士 ↓ 保守严肃， 复古尊贵。	劳斯莱斯	宾利	路虎
法国	热情、浪漫 ↓ 造型优雅， 线条简练， 极富动感。	雪铁龙	雷诺	标致
意大利	热情、奔放 ↓ 艺术味浓， 奔放洒脱， 追求速度。	法拉利	兰博基尼	玛莎拉蒂
日本	认真、勤奋 ↓ 轻巧简洁， 经济性好。	丰田	本田	日产
韩国	后起之秀， 设计新潮， 性价比高。	现代	起亚	大宇

步　骤	操作方法	备　注
（1）开关车门	①打开前排乘员的车门； ②打开驾驶侧的车门；	原理：加强了车内和车外空气流通，使热空气快速排出。 效果：车内温度能迅速下降。
（2）开窗行驶	上车行驶， 并打开全部车窗。	原理：车内和车外空气充分交换对流。 效果：一两分钟后，车内的温度即可降至外界温度。
（3）开启空调	①关闭全部车窗； ②开启空调（内循环、出风口向上）。	要适时定期切换到外循环模式，让车外的新鲜空气吹进来，利人利车。

6 冷天车窗除雾技巧

	前窗			后窗
冷天（冬天、阴雨天气）车窗玻璃内侧产生雾气机理	由于"外冷内热"，车内水蒸气（如雨气）在车窗玻璃内侧，遇冷水蒸气凝结成小水滴（这就是所谓雾气）。			
除雾思路	降低车内气温，减小温差。			提高车窗玻璃温度，让车窗玻璃上的小水滴蒸发。
除雾方式	开窗对流	空调冷风	空调暖风	电热丝
具体方法	将两侧的车窗打开一条缝隙	起动发动机 →空调选低温 →风向 →大风 →雾气消失 →关闭空调（或调为小风）	起动发动机 →空调选高温 →风向 →大风 →雾气消失 →关闭空调（或调为小风）	起动发动机 →后窗除霜按钮 →无霜后关闭除霜按钮
说明	天气不太冷 雾气不大大 天气无雨雪 高速不可用	见效快 人受冻 关闭空调后易反复	雾气会先变大，几分钟后消失。	12min后，除霜按钮会自动关闭。
备注	简易方法	不建议	正规方法	

（1）中国公路网络

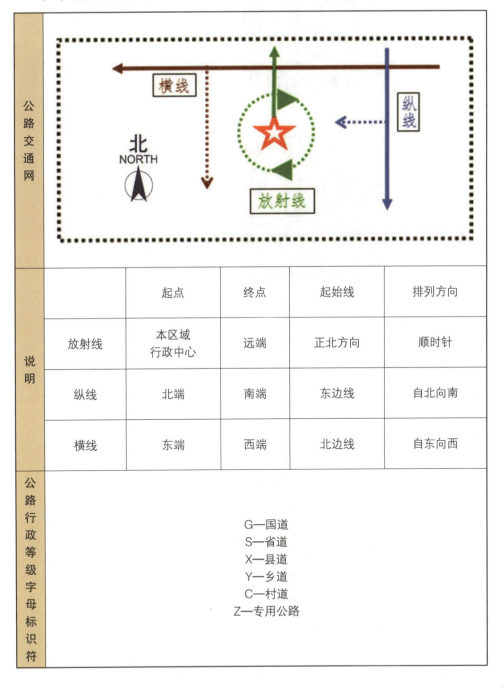

公路交通网						

说明		起点	终点	起始线	排列方向
	放射线	本区域行政中心	远端	正北方向	顺时针
	纵线	北端	南端	东边线	自北向南
	横线	东端	西端	北边线	自东向西

公路行政等级字母标识符	G—国道 S—省道 X—县道 Y—乡道 C—村道 Z—专用公路

（2）国道编号规则

普通国道

标牌示例：G107（北京—香港）、G309（青岛—兰州）

编号：G+3位数字

"国"字声母	序号		例
	a	b c	
G	1—首都放射线		G107京港线
	2—北南纵向线		G201鹤大线
	3—东西横向线		G309青兰线

国家高速公路

标牌示例：G4 京港澳高速、G22 青兰高速

编号：G+1/2位数字

"国"字声母	序号	数字	走向	例
G	a	1位数	首都放射线	G4京港澳高速
	a b	2位奇数	北南纵向线	G45大广高速
	a b	2位偶数	东西横向线	G22青兰高速

Appendix
附录
C

快乐学车开心一刻

品　牌	徽　标	农妇认车	
法拉利			马车
兰博基尼			牛车
玛莎拉蒂			粪叉子

	比亚迪 十万级	
	宝马 数十万	妻子给丈夫打电话：老公，我刮了一辆车…… 丈夫：一天净是事的，啥车啊？ 妻子：不认识，这车车标带个B字。 丈夫：比亚迪啊，好了我一会就到。 妻子：老公不是比亚迪！ 丈夫：宝马啊，那你等着，我去银行取点钱！ 妻子：也不是宝马。 丈夫：不会是宾利吧？ 这时一个带有磁性的声音接过电话说：我这是布加迪！
	宾利 数百万	
	布加迪 千万级	

　　一哥们儿新买了一辆四驱越野，停在楼下，车后面有个4x4的标志，你懂的！

　　第二天下去一看，不知道哪个"熊孩子"给刻上个：=16。

　　新车心疼啊，赶紧去补了漆。

　　回家过了一天，第二天早晨下楼，一看又刻上了：=16！

　　这个气啊！跑到修理厂跟喷漆师傅说给我喷个"=16"的字符。心想小样，这回你不写东西了吧。

　　弄好回来，隔天下去，彻底疯了，只见"=16"的后面又刻了个：√。

4 新手眼里的仪表指示灯

指 示 灯	新手识灯	正 解
	准备起飞	车门未关闭
	前方发现帆船	冷却液温度报警
	车内有刺客	安全带提示
	车顶有直升机	发动机故障
	禁止吹泡泡糖	安全气囊
	机器人驾驶模式	蓄电池报警
	请停车喝茶	机油报警
	手机充电	燃油液位低

	曾经，我独自一人行走在世间		再后来，我们有了可爱的宝宝
	在南来北往的人潮中遇见了你		宽容与理解让这个家更加温暖
	那种触电的感觉我永远不会忘记		遇到争论，我们也会及时让自己慢下来，不让过激的言语让对方受伤
	于是，我们在教堂许下了承诺		未来我们的路可能会崎岖不平
	从此，我更加努力工作		也可能曲曲折折
	我们终于拥有了自己的小家		但只要我们在一起
	每天我骑着单车载着你去上班		我们定会朝着幸福的方向一直向前
	我们共同奋斗，终于成为有车一族		即使我们老的哪儿也去不了了
	每天我们围着彼此转，我的眼里只有你		依旧不忘初心，永记誓言："我爱你"！

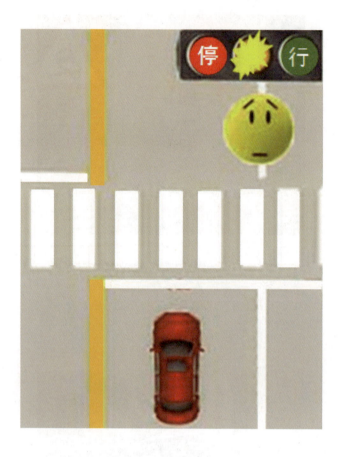

一位驾驶人一夜未归，第二天早上才匆匆到家。妻问何故?

丈夫答：昨夜路口遇一黄灯，闪烁不停，一直等到今天早上六点才恢复正常。我是进不得、退不得、变不得，被钉在了那儿。

妻又问：为何不打个电话?

丈夫又答：开车打电话记2分啊。

妻又问：为何不下车打电话?

丈夫又答：人离开车属于违章停车也要罚款啊。

8　阿呆学车记

车辆准备起步。

教练：加油！

阿呆：是，我一定会努力的！

教练：我让你踩加速踏板！

汽车直角转弯。

教练：打死方向！

阿呆一巴掌就打在了转向盘上，拍的手都疼了。

教练：我让你转向！

车辆下坡。

教练：制动，用脚刹！

阿呆立马拉开车门，把脚伸出去，摩在了地上，把鞋都磨掉了。

教练：我叫你踩制动踏板！

阿呆在路上练车。

教练：要过水坑了！

阿呆居然把双脚提了起来！

教练：去看看车还有油没有？

阿呆打开油箱盖往里瞄，里面黑洞洞的。

于是拿出打火机准备照一下，幸亏教练眼疾"脚"快，把阿呆一脚踢翻在地……

单位一位女同事顺路送我回家。她刚考的驾照，新买的车。

我坐上车后，"女魔头"开始打火–起步…熄火。N次之后，车辆终于起步。

"女魔头"喘了一口气，给我交代：待会儿快到你家时，我就不停车了，我放慢速度，你跳下去，再跑几步，帮我把车门关上啊……

快到我家时，我指路说：往北拐。

"女魔头"：哪边是北啊？

我：那就往右拐吧。

"女魔头"：哪个是右啊？

……

过了几天，我又搭这位"女魔头"的车，方向盘上居然贴了两个标签："左"、"右"。

女同事解释说，这是老公给做的。说着又从包包里拿出三个标签趴下去贴：离合、刹车、油门！

我赶紧说：对不起，我还有点事，你先走吧……

"太太，您超速了"

一位太太在公路上开车，被警察拦下。

警察：对不起太太，您超速了。

太太：怎么超速了？

警察：这条公路限速80千米/小时，您刚才达到了100千米/小时。

太太：什么意思？

警察：就是说，您每小时行驶了100千米。

太太：这不可能，我刚上路才10分钟啊。

警察：我的意思是说，以您刚才的速度，继续行驶1小时，就会驶过100千米。

太太：这更不可能，再有10千米我就到家了。

大学教室里，张老师来上课。看到教室里稀稀拉拉没几个人，张老师黑青着脸开始点名。

"张三？"无人应答，窗外却飘来一声："到——"

"李四？"还是无人应答，窗外却又飘来一声："到——"

"王五？"还是无人应答，窗外却又飘来一声："到——"

张老师忍无可忍，一个健步冲向窗台："老王，你能等会儿再指挥倒车吗？！"

昨天晚上，我刚躺下，就听见楼下有个男人大喊：

"打，打，打，打死！"

"打死，打死，往死里打！"

"臭婆娘，反了你，反了！"

……

不好，可能要出大事了。我翻身下床，只穿上了一只拖鞋就冲下了楼。

妈呀，和我一样冲下楼的有好几十人呢！

下来一看，原来一个男人，正指挥他媳妇在倒车！

一天晚上,警察蹲守在酒店门口抓酒驾。

宴席散去,酒店里出来的第一位就是个醉鬼,只见他摇摇晃晃地向自己的车走去。警察目不转睛地盯着他,他拉开车门,上车都显得很吃力,看来是没少喝。

过了许久,停车场的车都走完后,这名男子的车才开动,警察立即上前把他揪下来。

测酒精含量,竟然没喝酒。警察怒而不解:"那你干嘛走路摇摇晃晃的?"

男子回答:"今天我们战友聚会,当年我是'侦察兵',今晚的任务就是负责吸引警察,掩护其他战友撤退。"

警察当即晕倒……

14 "幸运司机"

一哥们开车下高速，交警过来敬礼："先生您好，您是经过这条新修高速的第一万名幸运司机，按照规定，奖励您五千块钱。"

记者过来采访："请问，您得到这笔奖金，准备怎么用啊？"

司机说："我回去肯定先办个驾照啊。"交警旁边一听："无证驾驶啊！"

他媳妇在前排乘员座上赶紧说："警察同志，您别听他胡说，喝迷糊了他。"交警一听："酒后驾驶啊！"手铐都拿出来给他带上了。

这时候，司机的老岳母在后边把头伸出窗户，哭着说："我就说嘛，偷来的车开不得，你就是不听……"

几个乘客搭了个顺风车。

乘客：师傅，你拉这么多人，超员了呀，不怕警察扣分呀？

司机：扣分？那也得有驾照才能扣分呀！

乘客：你无证也敢开车呀？

司机：没事，酒壮怂人胆，我今天喝了一斤老白干。

乘客：你咋不考个驾照呀？

司机：我是个独眼龙，还有一条腿是假肢，咋考驾照？

乘客：赶紧停车，我们要下车！

司机：怎么停车？刹车早就坏了，抓紧扶手啊，要下大坡了啊——